Kekse und Konfekt

100 Rezepte aus Brigitte

Herausgegeben von Dr. Barbara Rias-Bucher

Kekse und Konfekt sind nicht nur zu Weihnachten köstlich!
Als Mitbringsel, zum Dessert oder Nachmittagskaffee
haben diese süßen Spezialitäten das ganze Jahr über Saison.
Lassen Sie sich inspirieren von den vielen leckeren Rezepten.
Ob vollwertig, edel, einfach oder klassisch: Für jeden
Geschmack ist etwas dabei.

Ein **Brigitte**-Buch bei Goldmann

INHALT

Braune Kuchen

▶ Für etwa 120 Stück; Foto rechts

1/2 Teel. Pottasche, 250 g Butter oder Margarine, 200 g brauner Zucker, 100 g dunkler Sirup, 400 g Mehl, 80 g Haselnußkerne, 1 Päckchen Braune-Kuchen-Gewürz; Mehl zum Formen, Fett für die Bleche.

Pottasche in einem Teelöffel Wasser auflösen. Fett, Zucker und Sirup erwärmen, bis das Fett geschmolzen ist. Etwas abkühlen lassen. Mehl, gehackte Haselnüsse, Gewürz und Pottasche in eine Schüssel geben. Fett-Zucker-Mischung zugießen und alles mit den Knethaken des Handrührers verkneten. Den Teig zugedeckt an einem kühlen Ort mindestens eine Stunde stehenlassen. Aus dem Teig mit bemehlten Händen auf einer bemehlten Arbeitsfläche Rollen (Durchmesser vier Zentimeter) formen. Rollen für einige Stunden oder über Nacht kühlen. In dünne Scheiben schneiden und auf gefettete Backbleche legen. Kuchen auf dem ersten Blech bei 160 Grad/Umluft 140 Grad/Gas Stufe 1 etwa 15 Minuten, dann zehn Minuten backen (pro Stück ca. 40 Kalorien).

TiP Die würzig duftenden »Brunekager« gehören in Dänemark auf jeden weihnachtlichen Plätzchenteller.

Basler Leckerli

▶ Für etwa 80 Stück

600 g Honig, 250 g brauner Zucker, 15 g Zitronat, 50 g Orangeat, 250 g abgezogene gehackte Mandeln, 1 Eßl. Zimt, 1 Teel. gemahlene Nelken, 1/2 Teel. Macis (Muskatblüte), 1 unbehandelte Zitrone, 1 Tropfen Anisöl (aus der Apotheke), 1 Päckchen Vanillezucker, 4 cl Rum, 600 g Mehl, 10 g Pottasche; Mehl zum Ausrollen, Fett und Mehl für die Bleche; 250 g Puderzucker.

Honig aufkochen und den Zucker darin auflösen. Abkühlen lassen, bis die Masse handwarm ist. Zitronat und Orangeat sehr fein würfeln. Mit Mandeln, Gewürzen, abgeriebener Zitronenschale, Anisöl, Vanillezucker und Rum zum Honig geben. Mehl und Pottasche unterrühren. Alles vermischen und abgedeckt über Nacht bei Zimmertemperatur stehenlassen. Teig auf Mehl ausrollen und in vier mal zehn Zentimeter große Rechtecke schneiden. Auf gefettete, bemehlte Backbleche legen. Leckerli auf dem ersten Blech bei 200 Grad/Umluft 180 Grad/Gas Stufe 3 etwa 20 Minuten, dann 15 Minuten backen. Puderzucker mit etwa acht Eßlöffel Wasser und zwei Eßlöffel Zitronensaft glattrühren. Die Leckerli damit bestreichen (pro Stück ca. 100 Kalorien).

Schwarz-Weiß-Gebäck

▸ Für etwa 30 Stück

*2 Eigelb, 100 g Zucker, 1 Teel.
gemahlene Vanille, 225 g Mehl,
1 Eßl. Kakao, Mehl zum Ausrollen,
1–2 Eßl. beliebige Konfitüre,
Fett für die Bleche.*

Eigelb mit zwei Eßlöffel heißem Wasser schaumig schlagen. Zucker mit Vanille unterrühren. Mehl unterkneten. Den Teig halbieren. Unter die eine Hälfte Kakao kneten. Die Teige 30 Minuten kalt stellen. Jede Portion auf wenig Mehl zu einem Rechteck von 20 mal 25 Zentimeter ausrollen. Ein Rechteck mit Konfitüre bestreichen, das andere darüberlegen. Beide Teigschichten zusammen aufrollen. Scheiben abschneiden und zu Dreiecken formen. Auf gefettete Backbleche legen und in den Backofen schieben. Kekse auf dem ersten Blech bei 200 Grad/Umluft 180 Grad/Gas Stufe 3 etwa 15 Minuten, dann etwa zehn Minuten backen (pro Stück ca. 50 Kalorien).

TiP Gemahlene Vanille bekommen Sie in Reformhäusern, Vanillezucker auch im Supermarkt. Die Schwarz-Weiß-Kekse schmecken am besten mit säuerlicher Konfitüre, zum Beispiel aus Zitronen oder Johannisbeeren.

Nougatplätzchen

▸ Für etwa 70 Stück

*250 g Mehl, 1/2 Teel. Backpulver,
16 g Zucker, 1 Päckchen Vanillezucker,
150 g Haselnußkerne,
200 g Butter oder Margarine,
1 Ei, Mehl zum Ausrollen;
Fett für die Bleche;
zum Füllen: 200 g Nougatmasse;
zum Verzieren: 100 g dunkle Kuvertüre.*

Mehl, Backpulver, Zucker, Vanillezucker und gemahlene Nüsse mischen. Weiches Fett und Ei zugeben. Zuerst mit den Knethaken des Handrührgerätes, dann mit den Händen zu einem Teig verkneten. Mindestens eine Stunde kalt stellen. Den Teig auf wenig Mehl etwa drei Millimeter dick ausrollen und in drei Zentimeter große Quadrate schneiden. Plätzchen auf gefettete Backbleche legen. In den Backofen schieben, auf 200 Grad/ Umluft 180 Grad/Gas Stufe 3 schalten und etwa 20 Minuten backen; die Plätzchen auf den nächsten Blechen brauchen nur noch etwa 15 Minuten. Abkühlen lassen. Nougat im Wasserbad schmelzen. Jeweils zwei Plätzchen mit etwas Nougat zusammensetzen. Kuvertüre zerbröckeln und im heißen Wasserbad schmelzen. Jedes Nougatplätzchen zur Hälfte in die Kuvertüre tauchen. Trocknen lassen (pro Stück ca. 80 Kalorien).

Heidesand

▶ Für etwa 30 Stück

200 g Butter oder Margarine,
75 g Puderzucker, 1 Eßl. Vanillezucker,
50 g Marzipanrohmasse, 1 Päckchen
backfertige Zitronenschale, 250 g Mehl,
1 Eigelb, etwa 50 g Hagelzucker;
Fett für die Bleche.

Weiches Fett, Puderzucker, Vanillezucker,
zerbröckelte Marzipanmasse, Zitronenschale und Mehl zu einem glatten Teig verkneten. Mit Klarsichtfolie portionsweise zu
Rollen (Durchmesser drei Zentimeter) formen und einige Stunden kalt stellen. Rollen
mit verquirltem Eigelb bestreichen und in
Hagelzucker wälzen. In etwa fünf Millimeter dicke Scheiben schneiden. Auf gefettete
Backbleche legen. Heidesand auf dem ersten
Blech bei 200 Grad/Umluft 180 Grad/Gas
Stufe 3 etwa zehn, dann acht Minuten
backen (pro Stück ca. 105 Kalorien).

Butterplätzchen

▶ Für etwa 80 Stück

250 g Butter oder Margarine, 200 g
brauner Zucker, 1 Päckchen Vanille-
zucker, 375 g Mehl; Fett für die Bleche.

Weiches Fett, Zucker, Vanillezucker und
Mehl zu einem Mürbeteig verkneten. Rollen
(Durchmesser zwei Zentimeter) formen und
einige Stunden kalt stellen. Rollen in Scheiben schneiden. Plätzchen auf gefettete Backbleche legen und auf dem ersten Blech bei
200 Grad/ Umluft 180 Grad/Gas Stufe 3
etwa zwölf Minuten, dann etwa zehn Minuten backen (pro Stück ca. 50 Kalorien).

Bethmännchen

▶ Für etwa 30 Stück

Etwa 15 g ganze abgezogene Mandeln,
250 g Marzipanrohmasse, 1 Eiweiß,
10 g Mehl, 75 g Puderzucker,
Fett und Mehl für das Blech;
2 Eßl. Zucker, 2 Eßl. Rosenwasser
(aus der Apotheke).

Mandeln halbieren. Marzipanrohmasse, ungeschlagenes Eiweiß, Mehl und Puderzucker
mit den Händen verkneten. Aus der Masse
30 kirschgroße Kugeln formen. Jeweils drei
halbe Mandeln aufrecht an jede Kugel setzen und andrücken. Kugeln auf ein gefettetes, mit Mehl bestäubtes Blech setzen. Bei
150 Grad/Umluft 130 Grad/Gas Stufe 1
etwa 35 Minuten backen. Zucker und Rosenwasser eine Minute sprudelnd kochen.
Bethmännchen sofort nach dem Backen damit bestreichen (pro Stück ca. 70 Kalorien).

Vanillekipferl

▶ Für etwa 80 Stück; Foto rechts

*200 g Mehl, 80 g Zucker, 175 g Butter,
2 Eigelb, 100 g abgezogene, gemahlene
Mandeln, 1/2 Vanilleschote;
Fett für die Bleche, 6 Päckchen
Vanillezucker zum Wälzen.*

Mehl, Zucker, weiche Butter, Eigelb, Mandeln und ausgekratztes Vanillemark zu einem glatten Teig verkneten. Zu zwei langen Rollen formen und mindestens eine Stunde kalt stellen. Rollen in je 40 Scheiben schneiden. Jedes Teigstück zu einer etwa sechs Zentimeter langen, an den Enden spitz zulaufenden Rolle formen und auf gefettete Backbleche legen. Dabei den Teig zu Hörnchen (Kipferl) biegen. Hörnchen auf dem ersten Blech bei 175 Grad/ Umluft 150 Grad/ Gas Stufe 2 in etwa 20 Minuten, die auf den folgenden Blechen in etwa 15 Minuten goldgelb backen. Kipferl nur kurz abkühlen lassen, vom Backblech nehmen und noch heiß im Vanillezucker wälzen. Auf einem Kuchengitter ganz abkühlen lassen (pro Stück ca. 40 Kalorien).

TIP Die Vanillekipferl müssen Sie ganz heiß im Vanillezucker wenden. Sobald das Gebäck etwas abgekühlt ist, haftet der Zucker nicht mehr.

Schmalznüsse

▶ Für etwa 100 Stück

*250 g Schweineschmalz, 150 g Butterschmalz, 1 Teel. Hirschhornsalz,
2 Eßl. Rum (ersatzweise Apfelsaft),
je 250 g brauner und weißer Zucker,
1/4 Teel. gemahlene Vanille,
600 g Mehl, 1 Eßl. Kakao, 1 Ei;
Mehl zum Formen, Fett für das Blech.*

Beide Schmalzsorten in einem Topf erhitzen und abkühlen, aber nicht erstarren lassen. Hirschhornsalz in Rum auflösen. Beide Zuckersorten, Vanille, Mehl, Kakao, Ei und Hirschhornsalz zum Schmalz geben und mit den Knethaken des Handrührers verkneten. Aus dem Teig mit bemehlten Händen kirschgroße Kugeln formen und auf gefettete Backbleche legen (Teigkugeln nicht zu dicht nebeneinandersetzen, sie fließen beim Backen auseinander). Schmalznüsse auf dem ersten Blech bei 175 Grad/Umluft 150 Grad/ Gas Stufe 2 etwa 20 Minuten, dann etwa 15 Minuten backen. Auf Kuchengittern auskühlen lassen (pro Stück ca. 75 Kalorien).

TIP Backzeiten sind nur Circa-Angaben; lieber öfter nachsehen, denn Kekse werden rasch zu dunkel. Beim zweiten Blech ist die Backzeit kürzer, weil der Ofen bereits heiß ist.

Thorner Katharinchen

▶ Für etwa 40 Stück

200 g Honig, 200 g Zucker,
50 g Margarine oder Schmalz,
5 g Pottasche, 500 g Mehl, 1 Ei,
2 Eßl. Lebkuchengewürz,
1 unbehandelte Zitrone; Mehl zum
Ausrollen, Fett für die Bleche;
3 Eßl. Schlagsahne,
etwa 50 g abgezogene Mandeln.

Honig, Zucker und Fett bei kleiner Hitze unter Rühren erwärmen, bis der Zucker geschmolzen ist. Abkühlen lassen. Pottasche in einem Eßlöffel Wasser auflösen. Mehl, Ei, Lebkuchengewürz, abgeriebene Zitronenschale und Pottasche in einer Schüssel mischen. Honigmischung zugießen und alles erst mit den Knethaken des Handrührers, dann mit den Händen verkneten. Den Teig bei Zimmertemperatur zwei bis drei Tage stehenlassen; dabei die Schüssel mit einem feuchten Küchentuch abdecken. Den Teig portionsweise auf wenig Mehl oder zwischen Klarsichtfolie etwa drei Millimeter dick ausrollen und Plätzchen ausstechen. Auf gefettete Backbleche legen, mit Sahne bestreichen und mit halbierten Mandeln belegen. Bei 200 Grad/Umluft 180 Grad/Gas Stufe 3 etwa 15 Minuten backen, die Kekse auf dem nächsten Blech nur acht Minuten (pro Stück ca. 95 Kalorien).

Spekulatius

▶ Für etwa 50 Stück

250 g Mehl, 1 Messerspitze Hirschhorn-
salz, 125 g Zucker, 50 g abgezogene
gemahlene Mandeln, je 1 Messerspitze
Kardamom, Zimt und Nelken,
100 g Butter oder Margarine, 1 Ei;
Mehl für die Model, Fett für die Bleche.

Mehl mit Hirschhornsalz, Zucker, Mandeln, Kardamom, Zimt und Nelken mischen. Weiches Fett und Ei zugeben. Erst mit den Knethaken des Handrührgerätes, dann mit den Händen verkneten. Teig eine Stunde kühlen. In kleinen Portionen mit den Händen in bemehlte Model drücken. Mit einem spitzen Messer herauslösen und auf gefettete Bleche legen. Oder den Teig zwischen Klarsichtfolie drei Millimeter dick ausrollen und Sternschnuppen oder andere weihnachtliche Figuren ausstechen. In den Backofen schieben und bei 175 Grad/Umluft 150 Grad/ Gas Stufe 2 etwa 15 Minuten backen; die Kekse auf dem nächsten Blech nur zehn Minuten (pro Stück ca. 55 Kalorien).

TiP Backmodel aus Holz oder Kunststoff bekommen Sie in Haushaltwarengeschäften und Kaufhäusern. Besonders praktisch ist ein Nudelholz mit eingeschnitzten Motiven, das man einfach über die Teigplatte rollt.

Aachener Printen

▶ Für etwa 50 Stück

250 g dunkler Sirup, 40 g brauner
Zucker, 50 g Kandis, 375 g Mehl,
1 Teel. Zimt, 1/2 Teel. Ingwerpulver,
je 1/4 Teel. gemahlene Nelken,
Koriander und Piment, 1 Tropfen
Anisöl (aus der Apotheke),
40 g Orangeat, 10 g Pottasche,
2 Eßl. Rosenwasser (aus der Apotheke);
Mehl zum Ausrollen,
Fett und Mehl für die Bleche;
1/2 Tasse Milch zum Bestreichen.

Sirup mit vier Eßlöffeln Wasser aufkochen. Zucker und Kandis zugeben. Erkalten lassen. Dabei ab und zu umrühren. Mehl, Zimt, Ingwer, Nelken, Koriander, Piment, Anisöl und feingewürfeltes Orangeat unterrühren. Pottasche in Rosenwasser auflösen und unterkneten. Zugedeckt zwei bis drei Tage bei Zimmertemperatur stehenlassen. Nochmals durchkneten und etwa messerrückendick auf etwas Mehl ausrollen. Rauten von acht mal drei Zentimeter ausschneiden. Mit Milch bestreichen. Printen auf gefettete, mit Mehl bestäubte Backbleche legen. Bei 175 Grad/Umluft 150 Grad/ Gas Stufe 2 etwa 20 Minuten backen; die Printen auf dem zweiten Blech brauchen nur noch 15 Minuten. Vom Blech lösen und abkühlen lassen (pro Stück ca. 55 Kalorien).

TiP Pottasche und Hirschhornsalz machen zuckerreichen Teig wie Lebkuchenteig schön locker. Teig mit Pottasche kann man sogar einige Tage ruhen lassen, damit die Pottasche aktiv wird. Hirschhornsalz beginnt dagegen erst in der Hitze des Backofens zu wirken.

Weiße Pfeffernüsse

▶ Für etwa 120 Stück

125 g Butter oder Margarine,
500 g Zucker, 4 Eier, 500 g Mehl,
1/2 Teel. Backpulver,
125 g gehackte Mandeln,
1/2 Vanilleschote; Fett für die Bleche.

Weiches Fett, Zucker und Eier schaumig rühren. Mehl, Backpulver, Mandeln und ausgekratztes Vanillemark unterrühren. Mit zwei Teelöffeln kleine Häufchen auf gefettete Backbleche setzen. Pfeffernüsse bei 200 Grad/Umluft 180 Grad/Gas Stufe 3 acht bis zehn Minuten backen. Abkühlen lassen (pro Stück ca. 50 Kalorien).

TiP Beim Keksebacken müssen Sie das Blech für den zweiten und alle folgenden Backgänge erst abkühlen lassen.

Gefülltes Mandelgebäck

▶ Für etwa 100 Stück; Foto Seite 2/3

*Teig: 200 g abgezogene Mandeln,
200 g Mehl, 150 g Puderzucker,
2 Eier, 200 g Mandelmus (im Glas;
aus dem Reformhaus; ersatzweise
Erdnußmus), Mehl zum Ausrollen;
2 Eßl. bunte Zuckerstreusel; Fett für
die Bleche; Füllung: 100 g Butter,
2 Eßl. Mandelmus, 150 g Puderzucker,
2 Eßl. Mandellikör (ersatzweise
Orangensaft), 50 g dunkle Kuvertüre.*

Mandeln in einer Pfanne ohne Fett anrösten
und in der Mandelmühle fein mahlen. Mehl,
Puderzucker, Eier, Mandeln und Mandelmus erst mit den Knethaken des Handrührers vermischen, dann mit den Händen zu
einem glatten Teig verkneten. Teig 30 Minuten kalt stellen. Portionsweise auf wenig
Mehl etwa drei Millimeter dick ausrollen.
Die Hälfte des Teiges in etwa drei Zentimeter große Quadrate schneiden. Quadrate zur
Hälfte mit Zuckerstreuseln bestreuen. Aus
dem restlichen Teig Pilze ausstechen. Beide
Sorten auf gefettete Backbleche legen. In den
Backofen schieben und bei 175 Grad/Um-
luft 150 Grad/Gas Stufe 2 etwa 15 Minuten
backen; die Plätzchen auf den nächsten Blechen brauchen nur etwa zehn Minuten. Für
die Füllung weiche Butter mit Mandelmus,
Puderzucker und Mandellikör verrühren.

Jeweils zwei abgekühlte Plätzchen mit der
Creme bestreichen und zusammensetzen.
Die Pilzköpfe noch in geschmolzene Kuvertüre tauchen und auf einem Kuchengitter
trocknen lassen (pro Stück ca. 60 Kalorien).

Zimtsterne

▶ Für etwa 50 Stück; Foto rechts

*500 g ungeschälte gemahlene Mandeln,
300 g Puderzucker, 2 Teel. Honig,
2 Teel. Zimt, 2 Eiweiß; Puderzucker
zum Ausrollen, Fett für die Bleche;
Glasur: 1 Eiweiß, 100 g Puderzucker.*

Backofen auf 150 Grad/Gas Stufe 1 heizen.
Mandeln, Puderzucker, Honig und Zimt mischen. Eiweiß zugeben und alles erst mit den
Quirlen des Handrührers verrühren, dann
mit den Händen verkneten. Teig portionsweise auf wenig Puderzucker oder zwischen
Klarsichtfolie etwa einen Zentimeter dick
ausrollen. Sterne ausstechen und auf gefettete Backbleche legen. Für die Glasur ungeschlagenes Eiweiß und Puderzucker mit den
Quirlen des Handrührers schaumig rühren,
bis die Masse ganz weiß und sirupartig ist.
Sterne damit bestreichen und auf dem ersten
Blech 15 Minuten, dann etwa zehn Minuten
ganz hell backen; die Sterne sind noch recht
weich. Auf einem Kuchengitter auskühlen
lassen (pro Stück ca. 95 Kalorien).

Florentiner

▶ Für etwa 60 Stück; Foto Umschlag hinten

275 ganze Haselnußkerne,
80 g kandierte bunte Belegkirschen,
je 40 g Orangeat und Zitronat,
60 g Butter oder Margarine,
50 g Honig, 100 g brauner Zucker,
2 Päckchen Vanillezucker, 125 g Schlag-
sahne, 150 g gemahlene Mandeln;
150 g dunkle Kuvertüre.

Haselnußkerne in dem auf 200 Grad/Umluft 170 Grad/Gas Stufe 2 vorgeheizten Backofen zehn Minuten rösten. Nüsse in ein Geschirrtuch geben, fest zusammendrehen und so lange kräftig reiben, bis die braune Haut der Nüsse möglichst ganz abgerubbelt ist. Kirschen grob, Orangeat und Zitronat fein hacken. Fett, Honig, Zucker, Vanillezucker und Sahne einmal aufkochen. Mandeln, Haselnußkerne und kandierte Früchte dazugeben und alles gut mischen. Mit zwei Teelöffeln etwa 60 kleine Häufchen nicht zu eng auf mit Backpapier ausgelegte Backbleche setzen. Die Florentiner im heißen Backofen bei 175 Grad/Umluft 150 Grad/Gas Stufe 2 etwa acht Minuten backen. Sofort mit Hilfe eines gefetteten Glases wieder rund in Form bringen und etwas zusammenschieben. Florentiner abkühlen lassen. Kuvertüre im heißen Wasserbad schmelzen und die Plätz-chen auf der Unterseite damit bestreichen. Etwas antrocknen lassen und eventuell mit einer Gabel Wellenlinien ziehen (pro Stück ca. 85 Kalorien).

TiP Florentiner am besten in einer gut schließenden Blechdose aufbewahren. An der Luft werden sie leicht klebrig.

Spritzgebäck

▶ Für etwa 40 Stück

2 Eier, 125 g Marzipanrohmasse,
1 Vanilleschote, 125 g Butter oder
Margarine, 125 g Puderzucker,
250 g Mehl, 100 g Kuvertüre.

Eiweiß steif schlagen. Eigelb mit Marzipan, ausgekratztem Vanillemark, Fett und Puderzucker schaumig schlagen. Mehl unterheben. Eischnee unterziehen. Den Teig in einen Spritzbeutel mit Sterntülle füllen und Häufchen auf mit Backtrennpapier ausgelegte Backbleche spritzen. In den Backofen schieben, auf 200 Grad/Umluft 180 Grad/Gas Stufe 3 schalten und 15 Minuten backen; die Kekse auf dem nächsten Blech brauchen nur noch etwa zehn Minuten. Die Kuvertüre im heißen Wasserbad schmelzen. Die Plätzchen zur Hälfte in die Glasur tauchen und trocknen lassen (pro Stück ca. 90 Kalorien).

Bärentatzen

▶ Für etwa 25 Stück

*100 g Zartbitterschokolade, 3 Eiweiß,
200 g Kleehonig (ersatzweise anderer
Honig), 80 g Hafer, 250 g gemahlene
Mandeln, 1/2 Teel. Zimt,
1 unbehandelte Zitrone; Fett und
Mehl für die Form.*

Schokolade fein hacken. Eiweiß steif schlagen. Honig unter ständigem Weiterschlagen
nach und nach zugeben. So lange weiterschlagen, bis die Masse glänzend ist. Feingemahlenen Hafer, Schokolade, Mandeln,
Zimt und abgeriebene Zitronenschale unterheben. Die Bärentatzen- Formen gründlich
fetten und mit Mehl ausstreuen. Den Teig in
die Formen füllen. Bei 200 Grad/Umluft 180
Grad/Gas Stufe 3 etwa 20 Minuten backen.
Die Bärentatzen aus den Förmchen lösen und
abkühlen lassen (pro Stück ca. 120 Kalorien).

Anisplätzchen

▶ Für etwa 45 Stück

*2 Eier, 100 g Zucker, 1 Tropfen Anisöl
(aus der Apotheke), 1 Messerspitze
Backpulver, 180 g Mehl; Fett und Mehl
für die Bleche.*

Eier und Zucker verrühren, bis die Masse
schaumig ist. Anisöl, Backpulver und Mehl
zugeben und unterrühren. Mit zwei Teelöffeln kleine Häufchen auf ein gefettetes, bemehltes Backblech setzen (auf Backtrennpapier zerfließen die Häufchen!). Zwei Tage
stehenlassen, damit sich auf den Plätzchen
ein Häubchen bildet. Bei 150 Grad/ Umluft
130 Grad/Gas Stufe 1 20 Minuten backen;
die Plätzchen auf dem zweiten Blech 15 Minuten backen (pro Stück ca. 25 Kalorien).

Fenchelplätzchen

▶ Für etwa 30 Stück

*150 g Butter, 1 Ei, 100 g Fenchelhonig,
150 g Mehl, 100 g abgezogene
gemahlene Mandeln; Fett und Mehl für
die Bleche; 125 g Marzipanrohmasse,
2 Eßl. Fenchelhonig.*

Weiche Butter, Ei, Fenchelhonig, Mehl und
Mandeln verrühren. Teig in einen Spritzbeutel mit kleiner Sterntülle füllen. Kleine Häufchen auf gefettete, bemehlte Bleche spritzen.
Bei 200 Grad/Umluft 180 Grad/ Gas Stufe 3
etwa zehn Minuten backen; die Plätzchen
auf dem nächsten Blech brauchen nur noch
acht Minuten. Für die Füllung Marzipan mit
Fenchelhonig verkneten. Je zwei Plätzchen
mit etwas Marzipan zusammenkleben (pro
Stück ca. 120 Kalorien).

Mailänder

▶ Für etwa 100 Stück; Foto rechts oben

*250 g Zucker, 250 g Butter oder
Margarine, 2 Eier, 500 g Mehl,
1/4 Vanilleschote, 1/2 Zitrone;
Mehl zum Ausrollen,
Fett für die Bleche; 1 Eigelb.*

Zucker und weiches Fett mit den Knethaken des Handrührers verkneten. Die Eier zugeben und unterkneten. Gesiebtes Mehl, ausgekratztes Vanillemark und Zitronensaft zugeben und alles mit den Händen zu einem glatten Teig verkneten. Den Teig zugedeckt für etwa drei Stunden in den Kühlschrank legen. Portionsweise auf wenig Mehl etwa sechs Millimeter dick ausrollen. Herzen ausstechen und auf gefettete Backbleche legen. Eigelb mit etwa einem Eßlöffel Wasser verquirlen und die Plätzchen dünn damit bestreichen. Das erste Blech in den Backofen schieben und die Mailänder bei 200 Grad/Umluft 180 Grad/Gas Stufe 3 etwa 15 Minuten backen; die Kekse auf den nächsten Blechen brauchen nur noch etwa zehn Minuten. Auf einem Kuchengitter auskühlen lassen (pro Stück ca. 50 Kalorien).

TiP Die Plätzchen aus Vanille-Mürbeteig schmecken auch gut mit dunkler Kuvertüre oder buntem Zuckerguß.

Finnisches Brot

▶ Für etwa 70 Stück; Foto rechts unten

*1 Messerspitze Hirschhornsalz,
200 g Butter oder Margarine, 1 Ei,
100 g Puderzucker, 300 g Mehl,
3 unbehandelte Zitronen; Mehl zum
Ausrollen, 1 Eigelb, etwa 60 g Haselnußkerne, etwa 30 g Hagelzucker;
Fett für die Bleche.*

Hirschhornsalz in einem halben Teelöffel Wasser auflösen. Weiches Fett, Ei, Puderzucker, Mehl, abgeriebene Zitronenschale und Hirschhornsalz erst mit den Knethaken des Handrührers, dann mit den Händen verkneten. Den Teig zugedeckt etwa 30 Minuten kalt stellen. Teig portionsweise auf wenig Mehl etwa ein Zentimeter dick ausrollen. Mit Eigelb bestreichen, mit gehackten Nüssen und Hagelzucker bestreuen. Den Teig in Rechtecke (etwa fünf mal eineinhalb Zentimeter) schneiden. Auf gefettete Backbleche legen. Finnisches Brot auf dem ersten Blech bei 150 Grad/Umluft 130 Grad/Gas Stufe 1 etwa 20 Minuten, dann etwa 15 Minuten backen. Auskühlen lassen (pro Stück ca. 50 Kalorien).

TiP Die Kekse können Sie lange vor dem Fest backen. In einer gut schließenden Blechdose bleiben sie knusprig-frisch.

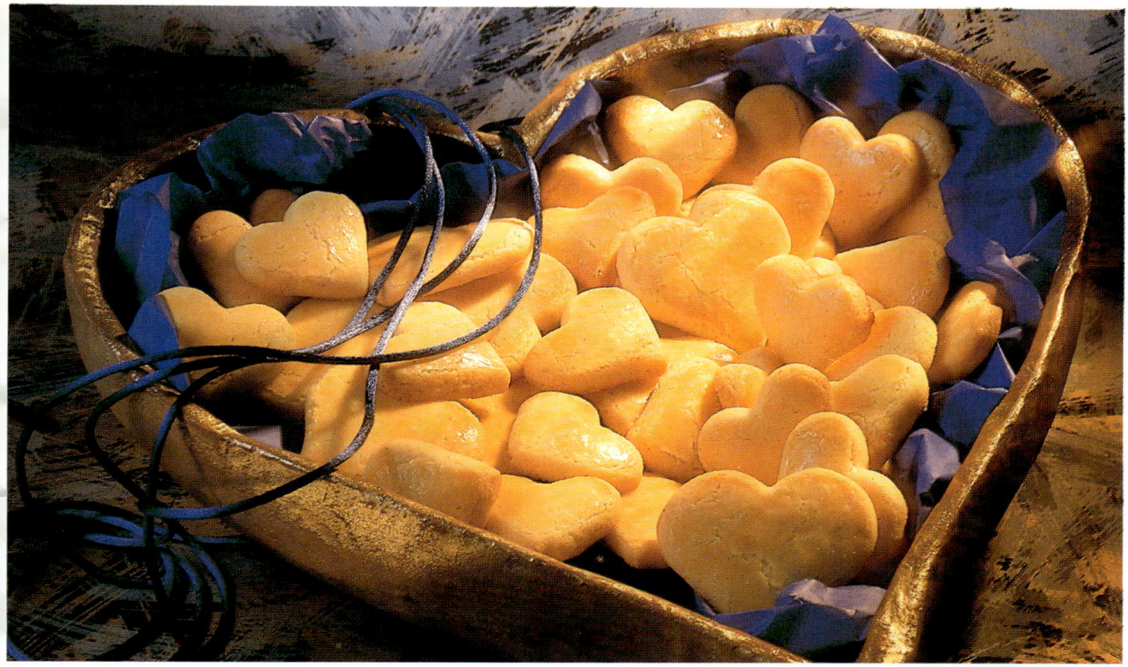

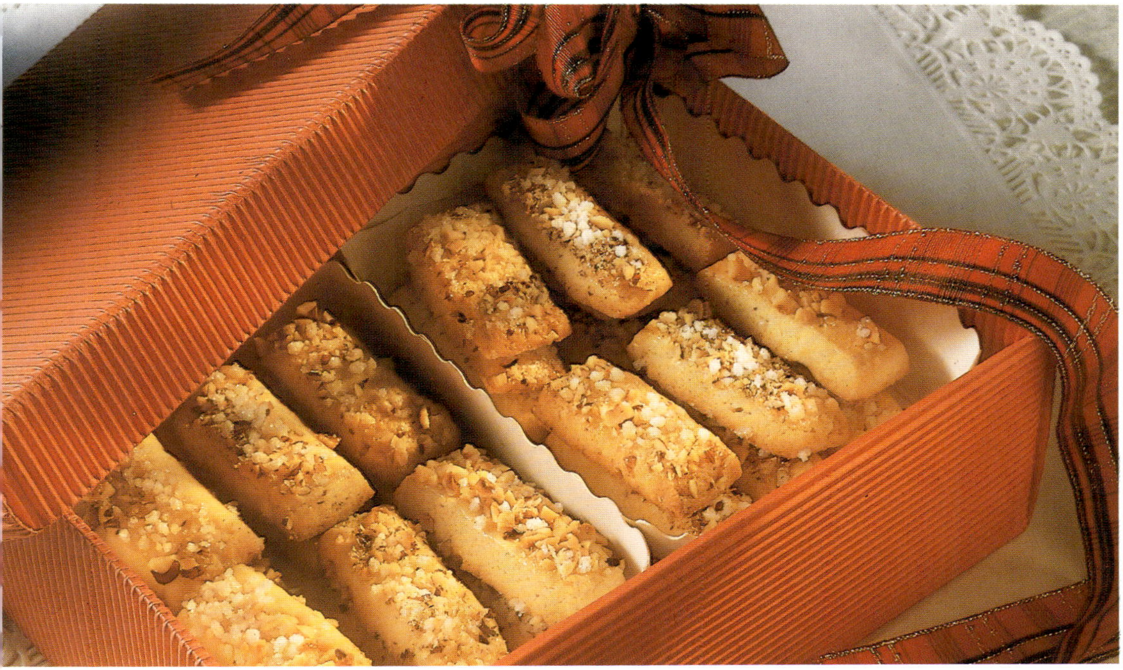

Spitzbuben

▶ Für etwa 80 Stück

200 g Butter, 3 Eigelb, 100 g Zucker,
1 Päckchen Vanillezucker, 400 g Mehl,
50 g Haselnußkerne, 1 unbehandelte
Zitrone; Mehl zum Ausrollen; Fett für
die Bleche; etwa 100 g Himbeer-
konfitüre, etwas Zitronensaft;
Puderzucker zum Bestäuben.

Weiches Fett, Eigelb, Zucker, Vanillezucker, Mehl, gemahlene Haselnüsse, abgeriebene Zitronenschale und Zitronensaft erst mit den Knethaken des Handrührers, dann mit den Händen verkneten. Den Teig etwa zwei Stunden kalt stellen. Portionsweise auf wenig Mehl etwa drei Millimeter dick ausrollen. Verschieden große, runde oder sternförmige Plätzchen (Durchmesser drei und fünf Zentimeter) ausstechen; von beiden Größen muß die gleiche Anzahl vorhanden sein. Plätzchen auf gefettete Bleche legen und bei 200 Grad/Umluft 180 Grad/Gas Stufe 3 etwa 20 Minuten backen; die Plätzchen auf den nächsten Blechen brauchen nur zwölf Minuten. Kekse kurz abkühlen lassen. Konfitüre mit Zitronensaft glattrühren. Jeweils ein großes und ein kleines Plätzchen mit Konfitüre zusammensetzen. Warme Spitzbuben dünn mit Puderzucker bestäuben und auf einem Kuchengitter ganz abkühlen lassen (pro Stück ca. 50 Kalorien).

Elisenlebkuchen

▶ Für etwa 30 Stück

5 Eier, 250 g Zucker, je 60 g Orangeat
und Zitronat, 100 g Mehl,
450 g Haselnußkerne, 75 g Honig,
1 Messerspitze Hirschhornsalz,
30 Oblaten (Durchmesser 70 mm),
etwa 15 Belegkirschen.

Eier und Zucker mit den Quirlen des Handrührers etwa zehn Minuten schaumig schlagen. Orangeat und Zitronat im Blitzhacker fein zerkleinern. Zusammen mit Mehl, gemahlenen Nüssen und Honig unter die Eimasse heben. Das Hirschhornsalz in einem Eßlöffel Wasser auflösen und unterrühren. Den Teig 15 Minuten stehenlassen, dann auf Oblaten streichen. In die Mitte jeweils eine halbierte Kirsche drücken. Lebkuchen auf Backbleche legen und bei 175 Grad/Umluft 150 Grad/Gas Stufe 2 etwa 20 Minuten backen; die Lebkuchen auf dem nächsten Blech brauchen nur noch etwa 15 Minuten. Auf Kuchengitter legen und abkühlen lassen (pro Stück ca. 185 Kalorien).

TiP Teurer Imkerhonig ist fürs Backen zu schade, denn beim starken Erhitzen verliert Honig die Inhaltsstoffe. Verwenden Sie lieber einen Honig der einfachen und billigen Sorten.

Honiglebkuchen

▶ Für etwa 200 Stück

*125 g Honig, 25 g Butter oder
Margarine, 4 Eier, 725 g Zucker,
750 g Mehl, 1 1/2 Päckchen Backpulver,
je 1 Teel. gemahlener Kardamom,
Nelkenpulver und Zimt; Mehl zum
Ausrollen, Fett für die Bleche;
etwa 8 Eßl. Milch; 125 g Zucker.*

Honig und Fett erwärmen, bis das Fett geschmolzen ist. Eier mit den Quirlen des Handrührers schaumig rühren und Zucker unter Rühren einstreuen. Mehl, Backpulver und Gewürze in einer Schüssel mischen. Honigmischung und die Eier-Zucker-Mischung zugeben und alles mit den Knethaken des Handrührers zu einem glatten Teig verkneten. Zugedeckt bei Zimmertemperatur etwa eine Stunde stehenlassen. Teig portionsweise auf wenig Mehl etwa fünf Millimeter dick ausrollen und weihnachtliche Formen ausstechen. (Oder in Holzmodel drücken, aus der Form lösen und ausschneiden.) Plätzchen auf gefettete Backbleche legen und dünn mit Milch bestreichen. Lebkuchen auf dem ersten Blech bei 175 Grad/Umluft 150 Grad/Gas Stufe 2 etwa 20 Minuten, dann 15 Minuten backen. Für den Guß Zucker und 100 Kubikzentimeter Wasser zwei Minuten kochen. Abgekühlte Plätzchen dünn damit bestreichen (pro Stück ca. 45 Kalorien).

Mandeltaler

▶ Für etwa 80 Stück

*250 g Mehl, 100 g Zucker,
200 g Butter oder Margarine,
1 Eigelb, 100 g gemahlene Mandeln,
50 g gehackte Mandeln; Mehl zum
Ausrollen; Pistazienhaube: 2 Eiweiß,
100 g Zucker, 100 g Pistazien
(ersatzweise abgezogene Mandeln).*

Mehl, Zucker, weiches Fett in Flöckchen, Eigelb, gemahlene und gehackte Mandeln verkneten. Den Teig mindestens eine Stunde kalt stellen. Auf wenig Mehl etwa drei Millimeter dick ausrollen und Kreise (Durchmesser etwa vier Zentimeter) ausstechen. Eiweiß steif schlagen. Zucker unter ständigem Weiterschlagen einrieseln lassen. Etwa drei Viertel der Pistazien fein mahlen und unterrühren. Die Masse mit einem Spritzbeutel oder mit einem Teelöffel auf den Talern verteilen und mit den restlichen ganzen Pistazien belegen. Auf gefettete Bleche legen. Die Kekse bei 175 Grad/ Umluft 150 Grad/Gas Stufe 2 etwa 20 Minuten backen; die Kekse auf dem nächsten Blech brauchen nur noch etwa 15 Minuten. Vorsichtig vom Blech lösen (die Pistazienhaube ist noch weich) und auf einem Kuchengitter abkühlen lassen (pro Stück ca. 65 Kalorien).

Quittenkonfekt

▶ Für etwa 250 Stück; Foto rechts

2 kg Quitten, 1 kg Zucker,
etwa 14 Blatt weiße Gelatine
(die Menge hängt vom Pektingehalt
der Quitten ab), 150 g Kokosraspel.

Quitten schälen, vierteln und das Kerngehäuse herausschneiden. Quitten in einem Liter Wasser 15 bis 20 Minuten kochen. Früchte durch ein Sieb streichen und ein Kilo Fruchtmark abwiegen. Zucker dazugeben und unter Rühren kochen, bis die Masse dickflüssig ist. Eingeweichte, aufgelöste Gelatine unterrühren. Das Quittenmus in eine rechteckige Form geben und abkühlen lassen. In etwa zwei Zentimeter große Würfel schneiden und in Kokosraspeln wenden (pro Stück ca. 22 Kalorien).

TiP Würzig, süß und scharf wird das Quittenkonfekt mit Ingwer: Unter die Quittenmasse zwei Eßlöffel feingehackten kandierten Ingwer rühren. Quittenwürfel eventuell zur Hälfte in abgekühlte, gerade eben noch flüssige dunkle Kuvertüre tauchen und auf einem Kuchengitter trocknen lassen. Zum Verschenken das Konfekt wie Bonbons in Zellophanpapier wickeln.

Paranußkonfekt

▶ Für etwa 16 Stück

100 g Marzipanrohmasse.
1/2 Teel. Orangenessenz (ersatzweise
abgeriebene Orangenschale),
50 g Puderzucker, 15 g Paranußkerne
(ersatzweise Pecan-Nußkerne),
100 g helle oder dunkle Kuvertüre,
je 1 gestrichener Teel. Kakao und
Puderzucker zum Bestäuben.

Die Marzipanrohmasse mit Orangenessenz und Puderzucker gründlich verkneten. Jeden Paranußkern mit Marzipan dünn umhüllen. Die Kuvertüre im heißen Wasserbad schmelzen. Marzipannüsse mit zwei Gabeln oder einer Pralinengabel einzeln in die Kuvertüre tauchen, auf einem Rost abtropfen lassen und kühl stellen. Den Kakao und den Puderzucker vermischen und in ein kleines Sieb geben. Konfekt zur Hälfte mit dieser Mischung bestäuben und in Pralinenförmchen setzen. Mit Folie bedeckt und kühl aufbewahrt, hält sich das Konfekt etwa eine Woche frisch (pro Stück ca. 115 Kalorien).

TiP Beim Auftragen von Kuvertüre ein Blatt Pergamentpapier unter das Kuchengitter legen und die abgetropfte Kuvertüre wiederverwenden.

Nuß-Marzipan-Kugeln mit Likör

▶ Für etwa 30 Stück

75 g Puderzucker, 2 Eßl. Instant-Kakao-pulver, 100 g Haselnußkerne,
100 g Marzipanrohmasse,
4 Eßl. Crème de Cacao (ersatzweise Mandellikör), etwa 30 Haselnußkerne; Puderzucker zum Bestäuben.

Puderzucker, Kakaopulver und gemahlene Haselnüsse vermischen. Marzipanrohmasse und Likör zufügen und alles verkneten. Kugeln formen und in jede Kugel eine Haselnuß drücken. In Puderzucker wälzen (pro Stück ca. 65 Kalorien).

Wiener Kugeln

▶ Für etwa 18 Stück; Foto Seite 2/3, rechts unten

50 g Nougat, 200 g Marzipanrohmasse,
100 g Puderzucker, 25 g Mandeln,
2 Eßl. Orangenlikör (ersatzweise Orangensaft), 100 g dunkle Kuvertüre.

Nougat zu 16 kleinen Kugeln formen und kalt stellen. Marzipan mit Puderzucker, fein-gehackten Mandeln und Likör verkneten. In 16 Stücke teilen, jeweils eine Mulde ein-drücken, mit einem Nougatstück belegen und Kugeln formen. Die Kuvertüre im Was-serbad schmelzen. Wiener Kugeln mit einer Pralinengabel oder zwei normalen Gabeln eintauchen und trocknen lassen (pro Stück ca. 145 Kalorien).

Dattelplätzchen

▶ Für etwa 40 Stück

200 g Datteln ohne Kerne,
100 g Haselnußkerne, 280 g Mehl,
1/2 Teel. Backpulver, Salz,
1 Prise gemahlene Nelken,
200 g Zucker, 1 Päckchen Vanille-zucker, 50 g Raspelschokolade,
150 g Butterschmalz, 1 Ei;
Fett für die Bleche; 250 g Puderzucker,
etwa 4 Eßl. Aprikosenlikör (ersatzweise Aprikosensaft), 20 g gehackte Pistazien.

Datteln und Haselnüsse fein hacken. Mehl mit Backpulver, einer Prise Salz, Nelken, Zucker, Vanillezucker, Raspelschokolade, weichem Butterschmalz und dem Ei verkne-ten. Datteln und Nüsse unterrühren. Teig zu einer Rolle formen, in Scheiben schneiden und auf gefettete Bleche legen. Plätzchen in den Backofen schieben und bei 180 Grad/ Umluft 160 Grad/Gas Stufe 2 etwa 20 Minuten backen; die Plätzchen auf dem zweiten Blech brauchen nur noch 15 Minuten. Auf einem Kuchengitter abkühlen lassen. Puderzucker mit Aprikosensaft glattrühren. Plätzchen damit bestreichen und mit Pistazien bestreuen (pro Stück ca. 150 Kalorien).

Früchtehäufchen

▶ Für etwa 45 Stück

100 g Walnußkerne, 100 g getrocknete
Aprikosen, 100 g Rosinen,
1/8 l Aprikosensaft, 6 eingelegte
Kirschen (Maraschino- oder Amarena-
kirschen), 20 g Orangeat,
200 g Zucker, 350 g Mehl,
2 Teel. Backpulver,
100 g Butter oder Margarine,
1 Ei, 1 Teel. Vanilleextrakt,
1/2 Teel. Mandelessenz,
je 1 Messerspitze gemahlene Nelken
und Zimt; Fett für die Bleche.

Walnüsse grob hacken. Aprikosen würfeln. Rosinen, Walnüsse und Aprikosen mit kochendem Aprikosensaft übergießen. Abkühlen lassen. Kirschen und Orangeat fein würfeln. Mit Zucker, Mehl, Backpulver, dem weichen Fett in Flöckchen, Ei, Vanilleextrakt, Mandelessenz, Nelken und Zimt verkneten. Frucht-Nußmischung unterkneten. Mit zwei Teelöffeln kleine Häufchen auf

gefettetes Backblech setzen. In den Backofen schieben und bei 180 Grad/Gas Stufe 2 etwa 20 Minuten backen; die Früchtehäufchen auf dem zweiten Blech brauchen nur noch 15 Minuten (pro Stück ca. 100 Kalorien).

Nougatmakronen

▶ Für etwa 60 Stück

100 g Nougat, 5 Eiweiß,
250 g Zucker, 150 g Haselnußkerne,
50 g Semmelbrösel, 1 Eßl. Kakao,
5 Oblaten (122 x 200 mm).

Nougat kalt stellen. Das Eiweiß steif schlagen; der Schnee soll so fest sein, daß ein Messerschnitt sichtbar bleibt. Die Schüssel in einen Topf mit leicht kochendem Wasser stellen. Den Zucker unter ständigem Weiterschlagen einrieseln lassen. Schüssel mit dem Baiser aus dem Wasserbad nehmen. Gemahlene Haselnüsse, Semmelbrösel und Kakao unterrühren und in einen Spritzbeutel füllen. Kalten Nougat mit einem in kaltes Wasser getauchten Messer zuerst in dünne Scheiben, dann in schmale Streifen schneiden. Jeweils zwölf Stücke Nougat in regelmäßigen Abständen auf rechteckige Oblaten legen. Je einen Streifen Makronenmasse darüberspritzen. Makronen bei 150 Grad/Gas Stufe 1 etwa eine Stunde backen. Oblaten auseinanderbrechen (pro Stück ca. 50 Kalorien).

Kokosmakronen

▶ Für etwa 50 Stück; Foto rechts

3 Eiweiß, 1 Teel. Zitronensaft, Salz,
225 g Puderzucker, 1/2 Teel. Zimt,
200 g Kokosraspel, 150 g dunkle
Kuvertüre; Fett und Mehl für die
Bleche.

Eiweiß, Zitronensaft und eine Prise Salz steif
schlagen. Puderzucker sieben und mit dem
Zimt mischen. Nach und nach unter den
Eischnee schlagen. Kokosraspel unterheben.
Die Masse in einen Spritzbeutel mit großer
Lochtülle füllen und kleine Tupfen auf gefettete, mit Mehl bestäubte Backbleche
spritzen. Die Makronen in den Backofen
schieben und bei 150 Grad/Gas Stufe 1 etwa
30 Minuten backen; die Makronen auf dem
zweiten Blech nur etwa 20 Minuten backen.
Vom Backblech nehmen und auskühlen lassen. Kuvertüre grob hacken, im heißen Wasserbad schmelzen, ganz abkühlen lassen und
nochmals erhitzen. Kuvertüre glattrühren,
Makronen auf der Unterseite damit bestreichen. Zum Trocknen umgedreht auf ein Kuchengitter legen (pro Stück ca. 50 Kalorien).

TiP Für Gewürzmakronen den Zimt durch
die gleiche Menge Lebkuchengewürz,
die Kokosraspel durch feingemahlene,
ungeschälte Mandeln ersetzen.

Knuspersterne

▶ Für etwa 60 Stück

300 g Mehl, Salz, 200 g brauner Zucker,
1 Teel. Mandelessenz,
200 g Butter oder Margarine,
150 g Marzipanrohmasse,
2 Eßl. Milch; Mehl zum Ausrollen,
Fett und Mehl für die Bleche.

Mehl, eine Prise Salz, Zucker und Mandelessenz vermischen. Das weiche Fett, Marzipanrohmasse und Milch zugeben und zu
einem Teig verkneten. In Alufolie verpackt
eine halbe Stunde kalt stellen. Den Teig in
zwei Portionen auf etwas Mehl ausrollen.
Sterne ausstechen und auf gefettete, mit
Mehl bestäubte Backbleche legen. In den
Backofen schieben, Ofen auf 180 Grad/Um-
luft 160 Grad/Gas Stufe 2 schalten und die
Kekse etwa zwölf Minuten backen; die
Sterne auf dem zweiten Blech brauchen nur
acht Minuten (pro Stück ca. 70 Kalorien).

TiP Kekse müssen nach dem Backen einige
Minuten auf dem Blech ruhen, damit
sie fest genug zum Ablösen sind. Dann
läßt man sie auf einem Kuchengitter einige Stunden ganz auskühlen, damit
der Wasserdampf entweicht; sonst können sie beim Aufbewahren brechen
oder gar schimmelig werden.

Walnußecken

▶ Für etwa 60 Stück

125 g Butter oder Margarine,
2 Eier, 100 g Zucker,
1 Päckchen Vanillezucker,
250 g Walnußkerne,
50 g Speisestärke, 1 Teel. Backpulver;
Fett für das Blech; etwa 150 g
Walnußkerne zum Belegen.

Weiches Fett, Eier, Zucker und Vanillezukker schaumig rühren. Gemahlene Walnüsse, Speisestärke und Backpulver unterrühren. Teig auf ein gefettetes Backblech (etwa 30 mal 30 Zentimeter) streichen. Auf der Teigoberfläche vier Zentimeter breite Rhomben markieren und mit je einer Walnußhälfte belegen. Das Blech in den Backofen schieben und bei 175 Grad/Umluft 150 Grad/Gas Stufe 2 etwa 20 Minuten backen. Abgekühlt in Stücke schneiden und vom Blech lösen (pro Stück ca. 70 Kalorien).

TiP Bevor Sie Nüsse in den Teig rühren, sollten Sie probieren: Ranzig gewordene Nüsse können Ihr ganzes Gebäck verderben. Übrigens sind abgepackte gemahlene Nüsse nicht unbedingt frisch. Am besten ist es deshalb, ganze Nuß- und Mandelkerne zu kaufen und sie selbst zu mahlen.

Nußberge

▶ Für etwa 75 Stück

4 Eigelb, 1 Ei, 150 g Puderzucker,
300 g Haselnußkerne;
Fett und Mehl für die Bleche; etwa
125 g Haselnußkerne zum Belegen.

Eigelb, Ei und Zucker schaumig rühren. Gemahlene Nüsse unterheben. Teig 30 Minuten stehenlassen. Mit Teelöffeln Häufchen auf gefettete, mit Mehl bestäubte Bleche legen. Mit je einer Nuß belegen. Bei 200 Grad/ Umluft 180 Grad/Gas Stufe 3 etwa 20 Minuten backen; die Kekse auf dem nächsten Blech brauchen nur noch etwa 15 Minuten (pro Stück ca. 50 Kalorien).

TiP Bei fast allen Keksen genügt es, das Blech gleichmäßig mit weichem Fett zu bestreichen. Für Kekse mit reichlich Eiweiß, Zucker, Honig oder Sirup bestäubt man es zusätzlich mit Mehl – auch Lebkuchen und Honig-Gebäck lassen sich so gut ablösen. Bei sehr feinem Gebäck fetten Sie das Blech, legen darauf Pergamentpapier (durch das Fett auf dem Blech haftet es gut) und bestreichen es ebenfalls mit Fett. Andere Möglichkeit: Backtrennpapier nehmen, das erst nach etwa fünf Backgängen die Anti-Haft-Wirkung verliert.

Schweinsöhrchen

▶ Für etwa 48 Stück

*1 Päckchen TK-Blätterteig (300 g),
1 Teel. Butter, 75 g Zucker, 2 Päckchen
Vanillezucker, 20 g Walnußkerne.*

Blätterteigscheiben nebeneinanderlegen und auftauen lassen. Backofen auf 225 Grad/ Umluft 200 Grad/Gas Stufe 4 vorheizen. Vier Blätterteigscheiben dünn mit Butter bestreichen und mit Zucker, Vanillezucker und den gemahlenen Walnüssen bestreuen. Scheiben übereinander legen, mit der fünften, ungebutterten abdecken. Zu einer Platte von 25 mal 25 Zentimeter ausrollen. Teigplatte in vier gleich große Stücke schneiden. Jeweils die rechte und linke Seite eines Teigstückes zur Mitte hin einklappen (nicht überlappen). Dann die linke Seite über die rechte Seite schlagen. Den so entstandenen Teigstreifen andrücken (damit er sich nicht entrollt) und in zwölf Scheiben schneiden. Scheiben auf mit kaltem Wasser besprenkelte Backbleche legen. Etwa zehn Minuten backen (pro Stück ca. 30 Kalorien).

TiP Noch einfacher: Die fünf übereinandergelegten Blätterteigscheiben in etwa einen Zentimeter breite Streifen schneiden und die Streifen leicht verdrehen.

Mandelinchen

▶ Für etwa 25 Stück

*200 g Marzipanrohmasse,
75 g abgezogene gemahlene Mandeln,
1 Teel. Zitronensaft, 100 g Puderzucker,
25 abgezogene Mandeln,
Puderzucker zum Bestäuben.*

Marzipanrohmasse, Mandeln, Zitronensaft und Puderzucker verkneten. Aus dem Teig kleine Kugeln formen und auf ein mit gefettetem Pergamentpapier belegtes Backblech setzen. In jede Kugel eine Mandel drücken. Kekse in den Backofen schieben. Den Ofen auf 175 Grad/Umluft 150 Grad/Gas Stufe 2 schalten und die Mandelinchen in etwa 25 Minuten goldgelb backen. Auf dem Blech einige Minuten ruhen lassen, ablösen und auf ein Kuchengitter legen. Die abgekühlten Mandelinchen dick mit Puderzucker bestäuben (pro Stück ca. 80 Kalorien).

TiP Marzipanrohmasse ist eine Mischung aus Mandeln, Zucker und Mandelöl. Damit Marzipan daraus entsteht, knetet man etwa die halbe Gewichtsmenge Puderzucker darunter und würzt mit Rosenwasser aus der Apotheke, mit dem Saft von Zitrusfrüchten oder mit Orangenlikör.

Orangenstangen

▶ Für etwa 50 Stück; Foto rechts

*40 g Orangeat, 80 g Butter, 80 g feiner
Zucker, 1 Ei, 1 unbehandelte Orange,
3–4 Eßl. Orangenlikör (ersatzweise
Orangensaft), 150 g Mehl, Mehl zum
Ausrollen; Fett für das Blech;
150 g Puderzucker, 50 g gehackte
Pistazien zum Bestreuen.*

Für den Teig das Orangeat sehr fein hak-
ken. Mit Butter, Zucker, Ei, etwa einem halben Teelöffel abgeriebener Orangenschale,
einem Eßlöffel Likör oder Saft und dem
Mehl zu einem glatten Teig verkneten. Abgedeckt 30 Minuten kalt stellen. Teig auf etwas Mehl drei Millimeter dick ausrollen und
fünf Zentimeter lange und zwei Zentimeter
breite Stangen ausschneiden. Die Stangen
auf ein gefettetes Backblech legen und in den
Backofen schieben. Ofen auf 200 Grad/Um-
luft 170 Grad/Gas Stufe 3 schalten und die
Plätzchen in 15 bis 20 Minuten goldgelb
backen. Auskühlen lassen. Für den Guß den
Puderzucker, den restlichen Likör oder
Orangensaft und den Rest der abgeriebenen
Orangenschale zu einem zähflüssigen Sirup
verrühren. Plätzchen damit bestreichen und
mit Pistazien bestreuen. Trocknen lassen
(pro Stück ca. 50 Kalorien).

Weiße Feigenplätzchen

▶ Für etwa 100 Stück; Foto Seite 2/3,
unten Mitte

*500 g getrocknete Feigen, 6 Eiweiß,
500 g Puderzucker, 500 g Mandelstifte,
100 Oblaten (Durchmesser 50 mm).*

Feigen in feine Würfel oder Streifen schneiden. Eiweiß steif schlagen. Den Puderzucker
nach und nach unter ständigem Weiterschlagen zugeben. Feigen und Mandelstifte
unterrühren. Mit zwei Teelöffeln Häufchen
auf die Oblaten setzen. Plätzchen bei 150
Grad/Gas Stufe 1 etwa 30 Minuten backen;
die Plätzchen auf den nächsten Blechen
brauchen nur noch etwa 25 Minuten. Falls
die Plätzchen während des Backens zu stark
bräunen sollten, Temperatur etwas zurück-
nehmen (pro Stück ca. 55 Kalorien).

TiP Back-Oblaten gibt es aus weißem oder
aus Vollkornmehl zu kaufen. Sie sorgen
als Unterlage dafür, daß der flüssige
Teig nicht auseinanderläuft. Außerdem
schützen sie Makronen und Lebkuchen
vor zu schnellem Austrocknen. Nur an
der Oberfläche entsteht eine knusprige
Kruste, innen bleibt das Gebäck frisch
und saftig. Oblaten schmecken völlig
neutral und beeinflussen den typischen
Geschmack der Plätzchen nicht.

Ananasplätzchen

▶ Für etwa 80 Stück; Foto Seite 2, links oben

375 g Mehl, 250 g Butter oder Margarine, 100 g Zucker, 2 Päckchen Vanillezucker, 6 Eigelb, 150 g kandierte Ananas; Fett für die Bleche.

Mehl, weiches Fett in Flöckchen, Zucker, Vanillezucker, Eigelb und 100 Gramm gehackte Ananas verkneten. Kugeln formen. Mit den restlichen Ananasstückchen verzieren. Die Plätzchen auf gefettete Backbleche setzen und in den Backofen schieben. Bei 200 Grad/Umluft 180 Grad/Gas Stufe 3 etwa 20 Minuten backen; die Plätzchen auf den folgenden Blechen brauchen nur 15 Minuten (pro Stück ca. 55 Kalorien).

Schokobusserl

▶ Für etwa 45 Stück

4 Eigelb, 150 g Puderzucker, 300 g Haselnußkerne, 100 g Zartbitterschokolade; Fett für die Bleche; etwa 100 g ganze Haselnußkerne.

Eigelb und Puderzucker schaumig rühren. Gemahlene Haselnüsse und gehackte Schokolade unterheben. Den Teig 30 Minuten stehen lassen. Mit zwei Teelöffeln Häufchen auf gefettete Backbleche setzen und mit je einer Haselnuß belegen. Bei 200 Grad/Umluft 180 Grad/ Gas Stufe 3 etwa 20 Minuten backen, die Kekse auf den nächsten Blechen nur 15 Minuten (pro Stück ca. 90 Kalorien).

Ingwerherzen

▶ Für etwa 60 Stück

100 g kandierter Ingwer (Glas), 250 g Mehl, 150 g Puderzucker, 50 g abgezogene Mandeln, 1 Ei, 200 g Butter oder Margarine; Mehl zum Ausrollen, Fett für die Bleche; 100 g Kuvertüre.

Ingwer sehr fein hacken. Mehl, Puderzucker, gemahlene Mandeln, Ei, Ingwer und weiches Fett zu einem glatten Teig verkneten. In Folie verpackt 30 Minuten kühlen. Portionsweise auf wenig Mehl etwa zwei Millimeter dick ausrollen. Herzen ausstechen und auf gefettete Backbleche legen. In den Backofen schieben, auf 200 Grad/Umluft 180 Grad/ Gas Stufe 3 schalten und etwa 15 Minuten backen; die Herzen auf den nächsten Blechen brauchen nur zehn Minuten. Abkühlen lassen. Kuvertüre im Wasserbad schmelzen und die Herzen zur Hälfte darin eintauchen (pro Stück ca. 60 Kalorien).

Schoko-Erdnuß-Plätzchen

▸ Für etwa 70 Stück

*300 g Mehl, 2 Teel. Backpulver,
50 g Kakao, 1 Prise Salz, 250 g Zucker,
1 Päckchen Vanillezucker, je 1 Prise
Zimt, Koriander und Piment,
100 g Haselnußkerne, 100 g Butter
oder Margarine, 100 g Erdnußcreme,
2 Eier; Fett für die Bleche;
20 g Pistazien, Mandeln,
Haselnußkerne oder Hagelzucker.*

Mehl, Backpulver, Kakao, Salz, Zucker, Vanillezucker, Zimt, Koriander, Piment und gemahlene Haselnüsse mischen. Weiches Fett, Erdnußcreme und Eier zugeben und mit den Knethaken des Handrührgerätes verkneten. Wenn der Teig sehr weich ist, kalt stellen. Aus dem Teig Kugeln formen und mit einer Gabel flach drücken. Auf gefettete Backbleche legen und mit gehackten Pistazien, Mandeln, Nüssen oder Hagelzucker bestreuen. In den Backofen schieben, Ofen auf 180 Grad/Umluft 160 Grad/Gas Stufe 2 schalten und die Plätzchen etwa 20 Minuten backen; die auf dem nächsten Blech nur noch zehn Minuten (pro Stück ca. 65 Kalorien).

TiP Gewürzte Plätzchen mit starkem Aroma hebt man nach Sorten getrennt in gut schließenden Dosen auf.

Javaplätzchen

▸ Für etwa 60 Stück

*200 g Mehl, 1 Teel. Backpulver, Salz,
100 g Zucker, 50 g brauner Zucker,
1 Eßl. Instant-Kaffee, 150 g Butter oder
Margarine, 1 Ei, 125 g Kokosflocken;
Fett für die Bleche; 1 Eiweiß,
3 Eßl. Puderzucker,
100 g Mokka-Bohnen.*

Mehl mit Backpulver, Salz, weißem und braunem Zucker, Kaffee, weichem Fett und Ei vermischen. Kokosflocken unterkneten. Kugeln von etwa zwei Zentimeter Durchmesser formen, auf gefettete Backbleche setzen und mit einem Teelöffel leicht flach drücken. In den Ofen schieben, auf 180 Grad/Umluft 160 Grad/Gas Stufe 2 schalten und 25 Minuten backen; die Plätzchen auf dem zweiten Blech nur etwa 20 Minuten. Abkühlen lassen. Eiweiß steif schlagen. Puderzucker unter ständigem Rühren zugeben. Jeweils eine Messerspitze auf ein Plätzchen geben und die Mokkabohnen daraufsetzen (pro Stück ca. 65 Kalorien).

TiP Brauner Zucker löst sich beim Backen nicht so schnell auf wie weißer Haushaltszucker. Deshalb hat Gebäck mit braunem Zucker immer etwas mehr "Biß" und schmeckt nach Karamel.

Ostpreußischer Honigkuchen

▶ Für etwa 50 Stücke; Foto rechts

*5 g Pottasche, je 50 g Zitronat und
Orangeat, 250 g Honig, 125 g Zucker,
75 g Butter oder Margarine,
375 g Mehl, 1 Eßl. Kakao,
je 1/2 Teel. Kardamom, Zimt und
Nelkenpulver, je 1 Prise Muskat und
Pfeffer, 75 g Mandeln, 1 unbehandelte
Zitrone, 1 Ei; Fett und Mehl für das
Blech; 200 g dunkle Kuvertüre, etwa
1 Eßl. kleine bunte Zuckerperlen.*

Pottasche in einem Eßlöffel Wasser auflösen.
Zitronat und Orangeat fein würfeln. Honig,
Zucker und Fett aufkochen und abkühlen
lassen. Mehl, Kakao, Kardamom, Zimt,
Nelken, Muskat und Pfeffer, gemahlene
Mandeln, abgeriebene Zitronenschale, Zitronat, Orangeat und Ei in eine Schüssel geben. Honigmischung zugießen und alles mit
den Knethaken des Handrührers zu einem
glatten Teig verkneten. Zugedeckt bei Zimmertemperatur etwa drei Tage stehenlassen.
Teig auf einem gefetteten, mit Mehl be-
stäubten Backblech ausrollen. In den
Backofen schieben und bei 225 Grad/Um-
luft 190 Grad/Gas Stufe 4 etwa 25 Minuten
backen. Kuvertüre im Wasserbad schmelzen, Kuchen damit bestreichen. Im weichen
Schokoladeguß Rhomben oder Quadrate
markieren und mit den Zuckerperlen bestreuen. Honigkuchen abkühlen lassen, in
Stücke schneiden und vom Blech lösen (pro
Stück ca. 110 Kalorien).

TiP Honigkuchen, Lebkuchen, Printen,
Pfeffernüsse und anderes stark gewürz-
tes Gebäck braucht mindestens eine
Woche Lagerung, bis sich das volle
Aroma entwickelt hat.

Mokkakugeln

▶ Für etwa 30 Stück

*125 g Mehl, 50 g Speisestärke,
125 g Butter oder Margarine,
50 g Zucker, je 1 Eßl. Kakao
und Instant-Kaffee; Mehl zum
Formen, Fett für das Blech;
etwa 30 g Mokkabohnen.*

Mehl, Speisestärke, weiches Fett, Zucker,
Kakao und Kaffee zu einem glatten Teig verkneten. Teig etwa eine Stunde kühlen. Mit
bemehlten Händen Kugeln formen, dabei in
jede Kugel eine Mokkabohne drücken. Kugeln auf ein gefettetes Backblech legen. In
den Backofen schieben und bei 200 Grad/
Umluft 180 Grad/Gas Stufe 3 etwa 30 Minuten backen (pro Stück ca. 70 Kalorien).

Marzipanfrüchte

▶ Für etwa 12 Stück

500 g Marzipanrohmasse,
500 g Puderzucker,
3 Eßl. Orangenlikör (ersatzweise
Orangen- oder Zitronensaft),
Lebensmittelfarben.

Marzipanrohmasse mit Puderzucker und Likör verkneten. In Portionen teilen und daraus verschiedene Früchte (z. B. Bananen, Trauben, Erdbeeren, Zitronen und Birnen) formen. Früchte auf Backtrennpapier legen und über Nacht bei Zimmertemperatur trocknen lassen. Jeweils einen Eßlöffel Wasser mit einigen Tropfen Lebensmittelfarbe einfärben und die Früchte damit bemalen. Trocknen lassen und eventuell hübsch verpacken (pro Stück ca. 365 Kalorien).

TiP Marzipanfrüchte gibt es auch zu kaufen: Sie eignen sich gut als Vorlage für eigene Versuche. Am besten formen Sie die Früchte mit den Händen vor. Feinheiten wie Stiele befestigen gelingen mit Zahnstochern. Die fertigen Früchte halten sich mindestens vier Wochen, wenn sie möglichst luftdicht – in Zellophan und einer gut schließenden Dose – verpackt werden, damit das Marzipan nicht austrocknet.

Kokoskonfekt

▶ Für 30 Stück; Foto Seite 2/3, oben Mitte

100 g Zartbitterschokolade,
1 Eßl. Kokoscreme (Dose),
150 g Kokosraspeln.

Schokolade im Blitzhacker zerkleinern oder ganz fein reiben. Mit Kokoscreme und 100 Gramm Kokosraspeln verkneten. Kugeln formen und in den restlichen Kokosraspeln wälzen. Im Kühlschrank aufbewahren (pro Stück ca. 50 Kalorien).

Erdnußkonfekt

▶ Für etwa 20 Stück

100 g Zartbitterschokolade
oder weiße Schokolade,
100 g ungesalzene Erdnußkerne.

Zerbröckelte Schokolade im heißen Wasserbad unter Rühren schmelzen. Erdnüsse – eventuell grob gehackt – unterrühren. Ein großes Tablett oder ein Backblech mit Öl bestreichen. Die Erdnußmasse mit zwei Teelöffeln als kleine Häufchen daraufsetzen. Im Kühlschrank fest werden lassen und in einem kühlen Raum aufbewahren (pro Stück ca. 60 Kalorien).

Schokoladentrüffel

▶ Für etwa 30 Stück

100 g Zartbitterschokolade,
100 g Butter, 100 g Puderzucker,
1 Eßl. Rum, 100 g abgezogene
Mandeln, je 1 Eßl. Schokoladen-
und Kokosraspel,
etwa 75 g dunkle Kuvertüre

Zerbröckelte Schokolade im heißen Wasserbad schmelzen. Weiche Butter, Puderzucker, Rum und gemahlene Mandeln unterrühren. Die Masse im Kühlschrank gut durchkühlen lassen. Kleine Kugeln formen und in Schokoladen- oder Kokosraspel wälzen. Oder in geschmolzene Kuvertüre tauchen und trocknen lassen. Die Trüffel kühl aufbewahren (pro Stück ca. 95 Kalorien).

Nougatkonfekt

▶ Für etwa 40 Stück

100 g Löffelbiskuits, 100 g Butter,
100 g Nougat, eventuell 1 Eßl. Mokka-
likör, 50 g Mokkabohnen.

Biskuits im Blitzhacker fein zerkleinern. Weiche Butter mit Nougat und Bröseln mischen. Mokkalikör unterrühren. Zwischen Klarsichtfolie etwa einen Zentimeter dick ausrollen. Kalt stellen, bis die Masse fest ist. In Rechtecke von etwa zwei mal drei Zentimeter schneiden und mit Mokkabohnen belegen (pro Stück ca. 50 Kalorien).

Dattelkonfekt

▶ Für 20 Stück

250 g getrocknete Datteln, 1/2 Teel.
Zimt, 1 Eßl. Orangensaft,
etwa 1 Eßlöffel Pinienkerne,
je etwa 1 Eßl. gehackte Mandeln,
Carob- oder Kokosraspel
(ersatzweise Schokostreusel).

Datteln entkernen und im Blitzhacker fein zerkleinern oder durch einen Fleischwolf geben. Dattelmus mit Zimt und Orangensaft verrühren. Aus der Masse mit angefeuchteten Händen kleine Kugeln formen. In jede Kugel zwei Pinienkerne drücken. Kugeln in gehackten Mandeln, Carob- oder Kokosraspeln wälzen (pro Stück ca. 40 Kalorien).

TiP Carob, eine schokoladenähnliche Süßigkeit auf der Basis von Johannisbrot, bekommen Sie als Pulver wie Kakao, in Raspeln und zu Tafeln gepreßt in Naturkostläden und Reformhäusern.

Spitzkuchen

▶ Für etwa 50 Stück; Foto rechts oben

*175 g dunkler Sirup, 50 g brauner
Zucker, 50 g Butter oder Margarine,
250 g Mehl, 2 Teel. Backpulver,
je 1 Messerspitze Kardamom, Muskat
und Piment, 1 Eßl. Kakao, 100 g Haselnußkerne; Fett für das Blech;
etwa 2 Eßl. Aprikosenkonfitüre,
etwa 300 g dunkle Kuvertüre.*

Sirup, Zucker und Fett unter Rühren erwärmen, bis das Fett geschmolzen ist. Mehl,
Backpulver, Gewürze, Kakao und gehackte
Nüsse in einer Schüssel mischen. Sirupmi-
schung zugießen und alles mit den Knethaken des Handrührers verkneten. Aus dem
Teig vier Rollen (Durchmesser etwa zwei
Zentimeter) formen und etwa eine Stunde
kalt stellen. Teigrollen nebeneinander auf
ein gefettetes Backblech legen. Bei 175
Grad/Umluft 150 Grad/Gas Stufe 2 etwa 40
Minuten backen. Jede Rolle sofort zickzack-
förmig in Dreiecke teilen. Aprikosenkonfitüre und einige Tropfen Wasser bei kleiner
Hitze unter Rühren erwärmen, bis sie glatt
und geschmeidig ist. Oberseite der Spitzkuchen damit bestreichen. Zerbröckelte Kuvertüre im heißen Wasserbad schmelzen.
Spitzkuchen mit einer Pralinengabel oder
normalen Gabel in die Glasur tauchen und
trocknen lassen (pro Stück ca. 85 Kalorien).

St. Galler Lebkuchen

▶ Für etwa 80 Stück; Foto rechts unten

*250 g Honig, 100 g Zucker,
5 g Pottasche, 2 Eßl. Kirschwasser,
400 g Mehl, 1/2 Teel. Muskat,
1 Teel. Nelkenpulver, 2 Teel. Zimt,
1 unbehandelte Zitrone; Mehl zum
Ausrollen, 1 Ei; 600 g Marzipanrohmasse; 1 Eigelb; Fett für die Bleche.*

Honig, Zucker und zwei Eßlöffel Wasser erwärmen, bis der Zucker gelöst ist. Pottasche
in Kirschwasser auflösen. Mehl, Gewürze
und etwas abgeriebene Zitronenschale mischen. Honigmischung und Pottasche zugeben und zu einem glatten Teig kneten. Auf
wenig Mehl zu einem Quadrat ausrollen.
Mit verquirltem Ei bestreichen. In etwa acht
Zentimeter breite Streifen schneiden. Marzipan zu zwei Zentimeter dicken und 40 Zentimeter langen Stangen formen. Jede Stange
in einen Streifen Lebkuchenteig einrollen.
Mit der Naht nach unten auf ein Brett legen
und über Nacht kühlen. Backofen auf 200
Grad/Umluft 180 Grad/Gas Stufe 3 vorheizen. Rollen zu dreieckigen Stangen formen.
Mit Eigelb bestreichen und in zweieinhalb
Zentimeter dicke Scheiben schneiden. Mit
der Naht nach unten auf gefettete Bleche setzen (Scheiben nicht legen, sonst wird das
Marzipan hart) und sieben bis zehn Minuten
backen (pro Stück ca. 70 Kalorien).

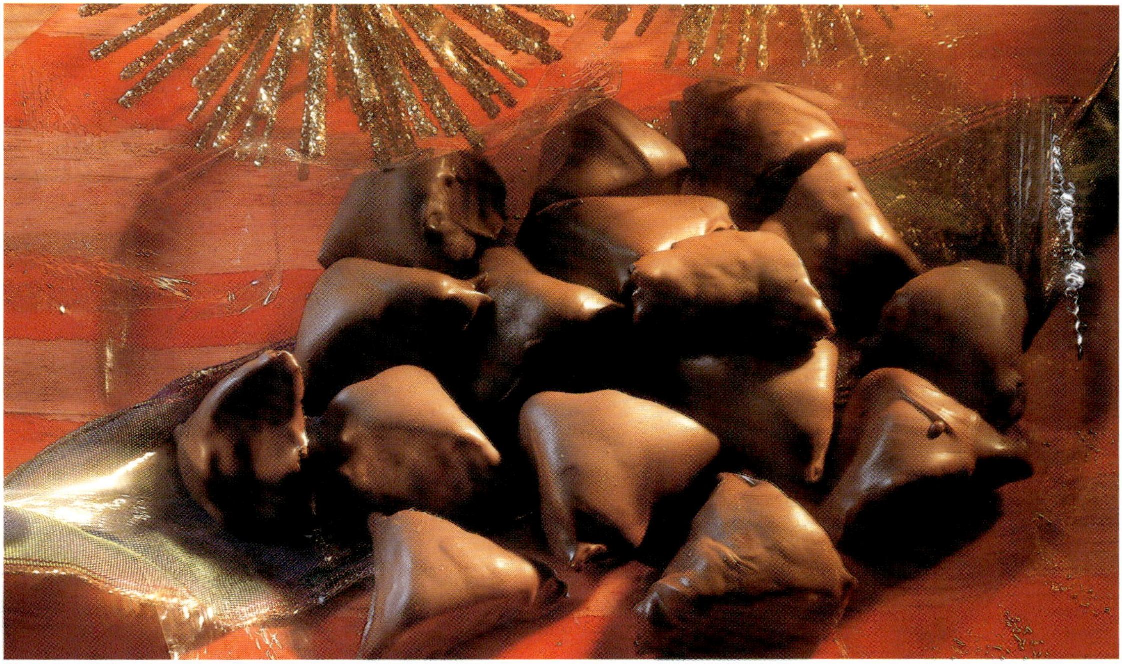

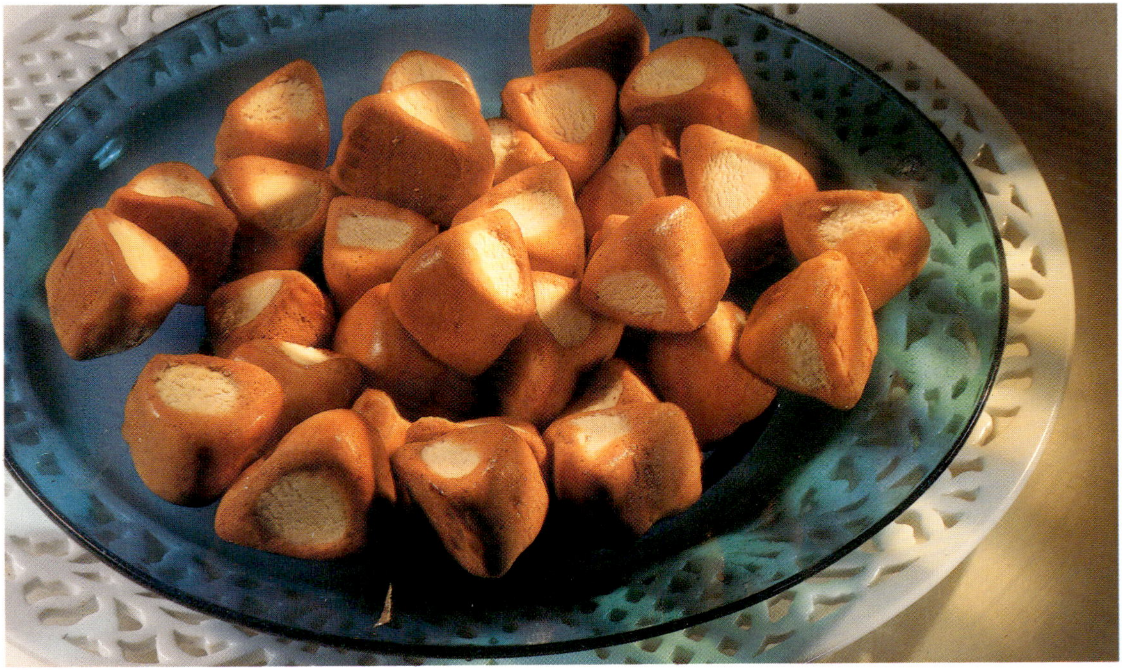

Liegnitzer Bomben

▸ Für 30 Stück

125 g Butter oder Margarine,
350 g Honig, 5 Eier, 250 g Zucker,
150 g Zitronat, je 1 Teel. Zimt und
Nelkenpulver, je 1 Messerspitze
Kardamom und Pfeffer, 4 Eßl. Rum
(ersatzweise Orangensaft), 50 g Kakao,
500 g Mehl, 125 g gehackte Mandeln,
125 g Korinthen, 2 Eßl. Rosenwasser
(aus der Apotheke), 15 g Pottasche,
Fett für die Förmchen;
Guß: 100 g dunkle Kuvertüre,
100 g weiße Schokolade, 20 g Platten-
fett; bunte Zuckerperlen.

Fett und Honig bei schwacher Hitze auflösen. Etwas abkühlen lassen. Eier und Zucker schaumig rühren. Fein gewürfeltes Zitronat, Zimt, Nelkenpulver, Kardamom und Pfeffer unterrühren. Honigmasse, Rum, Kakao, Mehl, Mandeln, Korinthen und die in Rosenwasser aufgelöste Pottasche zugeben und alles verrühren. Für die 30 Förmchen aus Alufolie (extra stark) je 15 Zentimeter große Quadrate schneiden. Die Quadrate über ein Glas von etwa sechs Zentimeter Durchmesser stülpen und die Folie nach unten streifen, so daß ein Aluförmchen entsteht. Förmchen fetten und auf Backbleche setzen. Den Teig zwei Drittel hoch einfüllen. Bleche in den Backofen schieben. Ofen auf 175 Grad/Umluft 150 Grad/Gas Stufe 2 schalten und die Törtchen etwa 30 Minuten backen; die Törtchen auf dem zweiten Blech nur noch 25 Minuten. Etwas abkühlen lassen, aus der Alufolie nehmen und abkühlen lassen. Kuvertüre und Schokolade mit dem Plattenfett im Wasserbad schmelzen. Liegnitzer Bomben damit überziehen und mit Zuckerperlen verzieren (pro Stück ca. 280 Kalorien).

Baumkuchenschnitten

▸ Für etwa 40 Stücke

250 g Butter oder Margarine,
250 g Zucker, 5 Eier, 125 g Mehl,
125 g Speisestärke, 100 g abgezogene
Mandeln, 1 Eßl. Rosenwasser (aus der
Apotheke), 1 Messerspitze Zimt,
1 Eßl. Rum (ersatzweise Orangensaft);
Füllung: 100 g Marzipanrohmasse,
50 g Puderzucker, 1 Eßl. Rum
(ersatzweise Rosenwasser);
je 200 g weiße und dunkle Kuvertüre.

Weiches Fett, Zucker und Eier mit den Quirlen des Handrührers schaumig rühren. Mehl, Speisestärke, gemahlene Mandeln, Rosenwasser, Zimt und Rum unterrühren. Ein Backblech mit Backpapier auslegen und unter dem Grill vorwärmen. Mit einem Pinsel eine dünne Teigschicht auf das Blech streichen. Unter dem vorgeheizten Grill etwa ein bis zwei Minuten goldgelb backen. (Oder im vorgeheizten Backofen bei 250 Grad/Umluft 230 Grad/Gas Stufe 5 etwa zwei bis drei Minuten backen.) Eine zweite Teigschicht auftragen und backen. So weiter verfahren, bis der Teig aufgebraucht ist. Kuchenplatte einmal durchschneiden und abkühlen lassen. Für die Füllung Marzipanmasse, Puderzucker und Rum verkneten. Zwischen Klarsichtfolie in der Größe einer Kuchenhälfte ausrollen. Marzipan auf eine Hälfte legen. Die zweite Kuchenhälfte daraufsetzen und fest andrücken. Den Kuchen in Würfel (etwa drei mal drei Zentimeter) schneiden. Die zerbröckelte weiße und dunkle Kuvertüre getrennt und nacheinander im heißen Wasserbad schmelzen. Die Hälfte der Baumkuchenschnitten mit der weißen, den Rest mit der dunklen Kuvertüre überziehen. Auf einem Kuchengitter trocknen lassen (pro Stück ca. 200 Kalorien).

TiP Baumkuchenschnitten mit Marmormuster macht man so: Die Kuchenwürfel mit einer der Kuvertüren überziehen und etwas antrocknen, aber nicht fest werden lassen. Die andere Kuvertüre durch einen Gefrierbeutel – ein winziges Eckchen für die Öffnung abschneiden – in feinen Streifen auf die Schnitten laufen lassen. Nun ein Holzspießchen durch beide Kuvertüreschichten ziehen.

Jamaika-Monde

▶ Für etwa 75 Stück

150 g getrocknete Bananenchips, 50 g Kokosraspel, 275 g Mehl, 150 g Butter oder Margarine, 1 Eigelb, 75 g Zucker, Salz, 1 unbehandelte Orange, 2 Eßl. Rum (ersatzweise Orangensaft), 3 Eßl. Kokoscreme (Dose); Mehl für die Arbeitsfläche; zum Bestreichen: 1 Eigelb, 1 Eßl. Milch; zum Bestreuen: 50 g Kokosraspel; Fett für die Bleche.

Bananenchips und Kokosraspel im Blitzhacker oder mit dem Schneidstab des Handrührers zerkleinern. Beide Zutaten mit Mehl, weichen Fettflöckchen, Eigelb, Zucker, einer Prise Salz, abgeriebener Orangenschale, Rum und Kokoscreme zu einem Mürbeteig verkneten. Teig in Klarsichtfolie gewickelt etwa eine Stunde kühl stellen. Portionsweise auf wenig Mehl etwa drei Millimeter dick ausrollen und Monde oder andere Figuren ausstechen. Eigelb und Milch verrühren und die Plätzchen damit bestreichen. Mit Kokosraspeln bestreuen. Auf gefettete Backbleche legen und in den Backofen schieben. Bei 175 Grad/Umluft 150 Grad/Gas Stufe 2 in etwa 15 Minuten goldgelb backen. Die Plätzchen auf den folgenden Blechen brauchen nur noch etwa zehn Minuten (pro Stück ca. 40 Kalorien).

Gewürzsplitter

▶ Für etwa 90 Stück; Foto rechts oben

*Teig: je 50 g Butter und Butterschmalz,
1 Eigelb, 50 g Zucker, 1 Päckchen
Vanillezucker, 1/2 Teel. Zimt,
je 1 Messerspitze gemahlene Nelken und
Piment, 100 g Mehl, 100 g Mandeln;
Fett für die Bleche; 250 g weiße
Kuvertüre, 225 g Mandelstifte.*

Weiches Fett, Eigelb, Zucker, Vanillezucker,
Gewürze, Mehl und gehackte Mandeln zuerst mit den Knethaken des Handrührers,
dann mit den Händen zu einem glatten Teig
verkneten. Teig abgedeckt mindestens eine
Stunde kalt stellen. Teig portionsweise zwischen Klarsichtfolie oder in einem großen,
an einer Seite aufgeschnittenen Gefrierbeutel zwei bis drei Millimeter dick ausrollen.
Runde Plätzchen (Durchmesser drei Zentimeter) mit gewelltem Rand ausstechen und
auf gefettete Backbleche legen. Das erste
Blech in den Backofen schieben und bei 175
Grad/Umluft 150 Grad/Gas Stufe 2 in zehn
bis 15 Minuten hellgelb backen; die Kekse
auf den folgenden Blechen brauchen nur
etwa zehn Minuten. Abkühlen lassen. Grob-
gehackte Kuvertüre im Wasserbad schmelzen. Mandelstifte unterrühren. Jeweils einen
Teelöffel Schoko-Mandeln auf die Plätzchen
geben und fest werden lassen (pro Stück ca.
50 Kalorien).

Terrassenplätzchen

▶ Für etwa 60 Stück; Foto rechts unten

*Je 100 g Butter und Butterschmalz,
2 Eigelb, 100 g Zucker, 2 Päckchen
Vanillezucker, 400 g Mehl; Mehl zum
Ausrollen, Fett für die Bleche;
etwa 125 g Johannisbeergelee;
75 g Puderzucker, 1/2 Zitrone.*

Weiches Fett, Eigelb, Zucker, Vanillezucker
und Mehl zuerst mit den Knethaken des
Handrührers vermischen, dann mit den
Händen zu einem glatten Teig verkneten.
Zugedeckt mindestens eine Stunde kalt stellen. Portionsweise auf wenig Mehl oder zwischen Klarsichtfolie etwa zwei Millimeter
dick ausrollen. Plätzchen in drei verschiedenen Größen (Durchmesser viereinhalb, dreieinhalb und zweieinhalb Zentimeter) ausstechen. Auf gefettete Backbleche legen. Die
Plätzchen auf dem ersten Blech bei 175
Grad/Umluft 150 Grad/ Gas Stufe 2 etwa 20
Minuten, die auf den folgenden Blechen nur
noch zehn bis 15 Minuten backen. Plätzchen
ablösen und auf Kuchengittern auskühlen
lassen. Jeweils drei unterschiedlich große
Plätzchen mit dem glattgerührten Johannisbeergelee zusammensetzen. Für den Guß Puderzucker und Zitronensaft verrühren und
die Plätzchen damit dünn überziehen. Auf
den Kuchengittern ganz trocknen lassen
(pro Stück ca. 70 Kalorien).

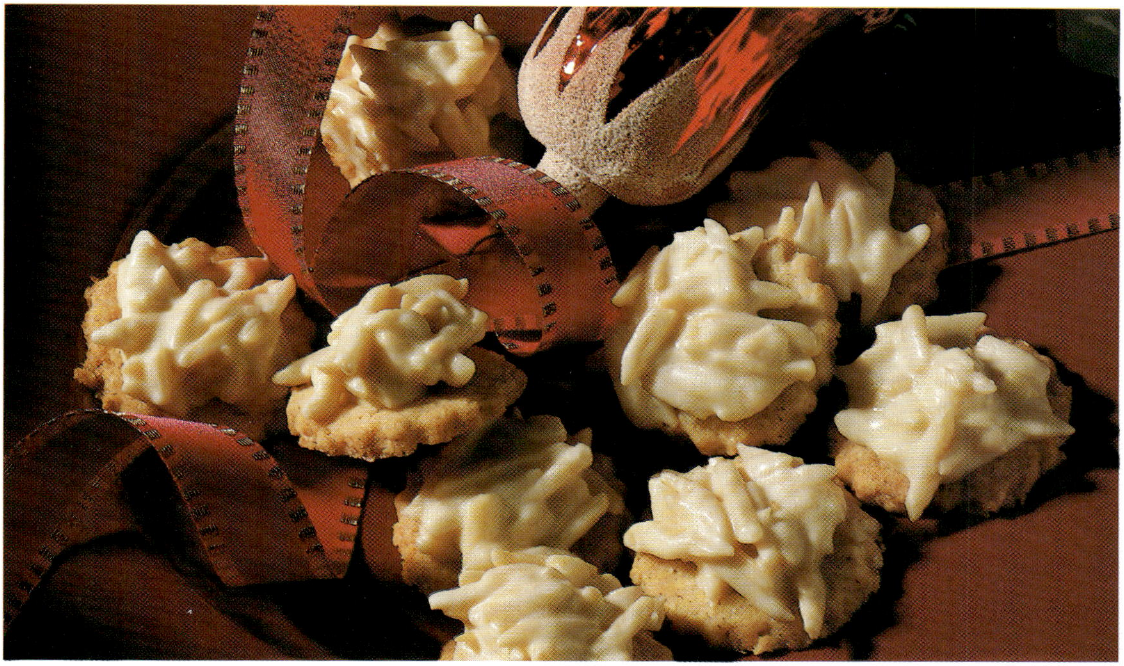

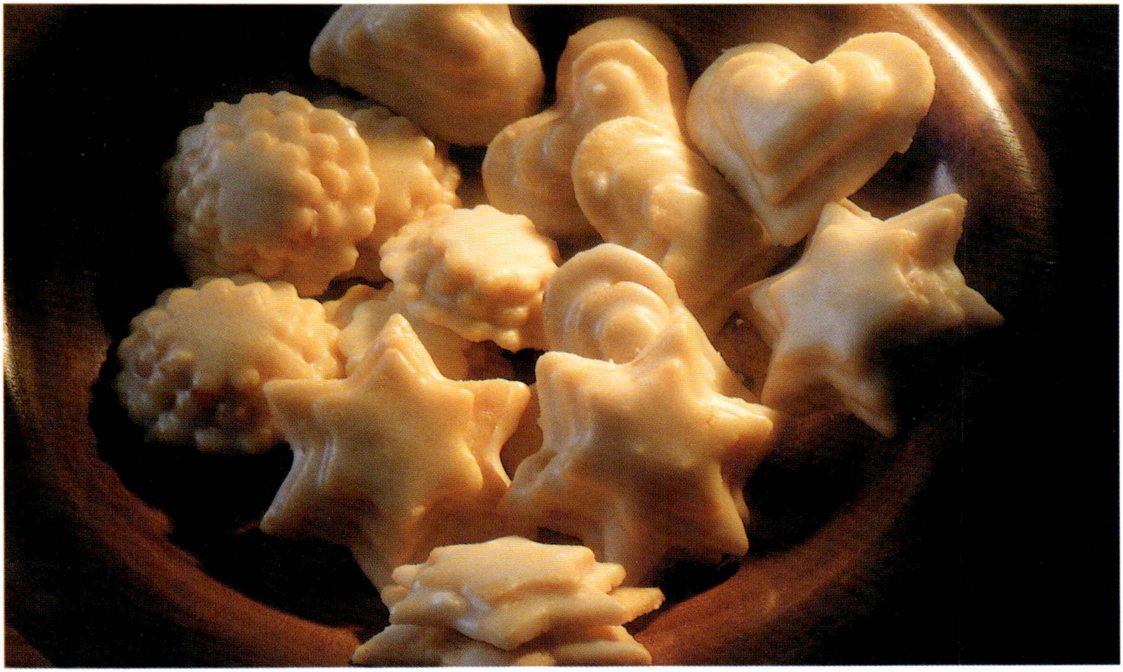

Kleine Marzipankuchen

▶ Für 9 Stück

Teig: 175 g Butter oder Margarine,
175 g Zucker, 1 Vanilleschote,
3 Eier, 200 g Marzipanrohmasse,
300 g Mehl, 2 gestrichene Teel. Back-
pulver, Salz, Fett für die Form;
Belag: 175 g Aprikosenkonfitüre,
150 g Marzipanrohmasse,
500 g Puderzucker, 2 Zitronen,
20 g Kokosplattenfett, rote, gelbe
und grüne Speisefarbe.

Weiches Fett, Zucker, ausgekratztes Vanillemark, Eier und Marzipan in kleinen Stücken
mit den Quirlen des Handrührgerätes verrühren. Mehl mit Backpulver und einer Prise
Salz mischen und unterrühren. Den Teig in
eine gefettete Springform (Durchmesser 26
Zentimeter) füllen. In den Backofen schieben und mit Pergamentpapier abdecken.
Ofen auf 180 Grad/Umluft 160 Grad/Gas
Stufe 2 schalten und den Kuchen 45 Minuten backen. Auf einem Kuchengitter auskühlen lassen. Mit einer runden Ausstech-
form oder einem Glas (Durchmesser sechs
Zentimeter) neun Kuchen ausstechen und
die Oberfläche mit einem Messer glatt-
schneiden. Konfitüre unter Rühren leicht erwärmen und auf die Kuchen streichen. Etwa
30 Minuten trocknen lassen. Marzipanrohmasse zwischen Klarsichtfolie etwa drei

Millimeter dick ausrollen. Neun Kreise von
je sechs Zentimeter Durchmesser ausstechen. Jeweils einen Kreis auf einen Kuchen
setzen. Aus dem restlichen Marzipan 18
Röllchen formen. Sie sollen etwa einen halben Zentimeter dick und sechs Zentimeter
lang sein. Je zwei Röllchen auf einen Kuchen
legen. Puderzucker mit Zitronensaft und
flüssigem, abgekühltem Kokosfett verrühren. Zwei Eßlöffel weißen Guß in einen
Gefrierbeutel füllen. Den restlichen Guß in
drei Portionen teilen. Ein Drittel Guß mit
zwei Tropfen gelber Speisefarbe, das zweite
Drittel mit zwei Tropfen roter und das letzte
Drittel mit zwei Tropfen grüner Speisefarbe
verrühren. Auf je drei Kuchen grünen, roten
und gelben Guß mit einem Pinsel auftragen.
Trocknen lassen. Eine Ecke vom Plastikbeu-
tel mit dem weißen Guß knapp abschneiden.
(Falls der Guß inzwischen zu fest geworden
ist, den Beutel vor dem Abschneiden der
Ecke in warmes Wasser tauchen.) Eine zick-
zackförmige Verzierung auf die Oberfläche
der Kuchen spritzen. Trocknen lassen (pro
Stück ca. 640 Kalorien).

TiP Aus den Kuchenresten vom Ausstechen
können Sie Rumkugeln machen: Dafür
die Kuchenreste mit 100 Gramm flüssiger Zartbitterschokolade, etwa sechs
Eßlöffel Rum und sechs bis acht Eßlöffel Schlagsahne verkneten. Kleine
Kugeln formen und diese in 75 Gramm
Schokoladenstreusel wälzen.

Pistazientrüffel

▶ Für etwa 55 Stück

200 g Zartbitterschokolade
100 g Butter, 150 g Puderzucker,
1 Teel. Instant- Kaffeepulver,
1 Eßl. Rum (ersatzweise Wasser oder
Orangensaft), Pistazien oder Mandel-
stifte zum Verzieren.

Die Schokolade in Stücke brechen und im Wasserbad schmelzen. Von der Kochstelle nehmen und im selben Wasserbad zum Abkühlen beiseite stellen. Weiche Butter in einer Schüssel mit den Quirlen des Handrührers schaumig rühren. Den Puderzucker löffelweise dazugeben und auf kleinster Schaltstufe zu einer glatten Creme verrühren. Kaffeepulver im Rum auflösen und zufügen. Die leicht abgekühlte Schokolade nach und nach unter langsamem Rühren zugeben. Weiterrühren, bis eine gleichmäßige dicke Creme entstanden ist. In einen Spritzbeutel mit Sterntülle füllen und in Pralinenförmchen spritzen. Jede Praline mit einer halbierten Pistazie verzieren. Pistazientrüffel halten sich zugedeckt oder in Folie verpackt eine Woche (pro Stück ca. 50 Kalorien).

TiP Konfekt und cremig-weiches Gebäck bewahren Sie am besten im Gemüsefach des Kühlschranks auf.

Schoko-Mint-Plätzchen

▶ Für etwa 30 Stück

Teig: 100 g Zartbitterschokolade,
125 g Butter oder Margarine,
100 g Zucker, 225 g Mehl,
50 g Haselnußkerne, 1 Ei, Mehl zum
Ausrollen, Fett für die Bleche;
Füllung: 150 g weiße Schokolade,
6 Tropfen Pfefferminzöl
(aus der Apotheke).

Zartbitterschokolade im Blitzhacker zerkleinern. Die weichen Fettflöckchen, Zucker, Mehl, gemahlene Nüsse, zerkleinerte Schokolade und Ei erst mit den Knethaken des Handrührers mischen, dann mit den Händen verkneten. Den Teig etwa eine Stunde kalt stellen. Auf reichlich Mehl ausrollen. Kleine Rechtecke oder runde Plätzchen ausstechen. Auf gefettete Bleche legen und in den Backofen schieben. Die Plätzchen auf dem ersten Blech bei 200 Grad/Umluft 180 Grad/ Gas Stufe 3 etwa 15 Minuten, die auf dem nächsten Blech nur noch etwa zehn Minuten backen. Plätzchen auf Kuchengittern abkühlen lassen. Die weiße Schokolade zerbröckeln und im heißen Wasserbad schmelzen. Minzöl unterrühren. Jeweils zwei Plätzchen mit der Schokolade zusammensetzen (pro Stück ca. 135 Kalorien).

Xantener Brocken

▶ Für etwa 60 Stück; Foto rechts

*Füllung: 50 ccm Schlagsahne,
150 g Nougatmasse, 25 g Kokosfett,
eventuell 1/2 Eßl. Rum;
Teig: 125 g Honig, 60 g Zucker,
60 g Kokosfett, 250 g Mehl, 1/2 Eßl.
Kakao, 1/4 Teel. Zimt, 1–2 Teel. Rosenwasser (aus der Apotheke),
3 g Pottasche, 1 Eigelb; Fett und Mehl
für das Blech; 300 g dunkle Kuvertüre,
40 g Haselnußkrokant.*

Für die Füllung Sahne erhitzen und grob zer-
kleinertes Nougat darin schmelzen lassen.
Über Nacht in den Kühlschrank stellen. Für
den Teig Honig, Zucker und Kokosfett aufkochen und abkühlen lassen. Mehl, Kakao
und Zimt mischen und zur Honigmasse geben. In Rosenwasser aufgelöste Pottasche
und Eigelb zugeben und alles zuerst mit den
Knethaken des Handrührers, dann mit den
Händen verkneten. Teig eine Stunde kalt
stellen. Zwischen Klarsichtfolie (eventuell
portionsweise) etwa drei Millimeter dick
ausrollen. Oberes Folienblatt abziehen, Teig
auf ein gefettetes, mit Mehl bestäubtes Backblech stürzen und die Folie ganz entfernen.
Teig in den Backofen schieben und bei 200
Grad/Umluft 180 Grad/Gas Stufe 3 etwa 15
Minuten backen. Platte mit einem Lineal ab-
messen und in Rechtecke (zwei mal dreieinhalb Zentimeter) schneiden. Nougat-Sahne
mit den Quirlen des Handrührers etwa zehn
Minuten zu einer dickschaumigen Creme
aufschlagen und den Rum dazugießen. Die
Hälfte der Plätzchen mit der Creme bestreichen und je ein unbestrichenes Plätzchen
daraufsetzen. Gut andrücken. Kuvertüre im
heißen Wasserbad schmelzen, abkühlen lassen, nochmals im Wasserbad erhitzen und
gut durchrühren. Die Xantener Brocken damit überziehen. Die weiche Kuvertüre sofort
mit Krokant bestreuen und fest werden lassen (pro Stück ca. 85 Kalorien).

Aprikosenkonfekt

▶ Für etwa 35 Stück

*200 g Marzipanrohmasse, 75 g Puder-
zucker, 1 Teel. Aprikosenlikör
(ersatzweise Apfelsaft), 100 g kandierte
Aprikosen (aus dem Reformhaus),
100 g helle oder dunkle Kuvertüre.*

Marzipanrohmasse mit Puderzucker und
Aprikosenlikör verkneten. Die Aprikosen
fein würfeln und darunterkneten. Eine fin-
gerdicke Rolle formen und in etwa fünf Zentimeter lange Stücke schneiden. Kuvertüre
im heißen Wasserbad schmelzen. Die Rollen
mit beiden Enden in die Kuvertüre tauchen.
Auf einem Kuchengitter trocknen lassen
(pro Stück ca. 60 Kalorien).

Züri-Leckerli

▶ Für etwa 30 Stück

*600 g Marzipanrohmasse,
2 unbehandelte Orangen,
200 g abgezogene Mandeln; Mehl für
die Model, Fett für das Blech.*

Marzipanmasse und abgeriebene Orangenschale mit den Händen verkneten. Mandeln fein mahlen, Orangen auspressen. 100 Kubikzentimeter Orangensaft mit den Mandeln vermischen. Model mit Mehl ausstäuben. Das Marzipan portionsweise zwischen Klarsichtfolie etwa zwei Millimeter dick ausrollen. Streifen in Modelgröße ausschneiden und in die Model drücken. Etwa einen Teelöffel Mandelmischung auf jedes Plätzchen streichen und einen zweiten Marzipanstreifen in die Model drücken. Modelform umgekehrt auf den Tisch schlagen, damit die Leckerli herausfallen. Überstehendes Marzipan mit spitzem Messer abschneiden. Leckerli auf gefettete Backbleche legen und über Nacht bei Zimmertemperatur mit einem Küchentuch bedeckt trocknen lassen. Am nächsten Tag das Blech in den Backofen schieben, Ofen auf 150 Grad/Umluft 130 Grad/Gas Stufe 1 schalten, und die Leckerli in 15 bis 20 Minuten hellgelb backen. Einige Minuten ruhen lassen, vom Blech lösen und auf einem Kuchengitter ganz auskühlen lassen (pro Stück ca. 145 Kalorien).

TiP Züri-Leckerli gelingen auch ohne Gebäck-Model: Marzipanmasse zwischen Klarsichtfolie zwei Millimeter dick zu zwei Rechtecken ausrollen. Mandelmischung auf eine Platte streichen und mit der zweiten Platte abdecken. Etwas andrücken und in Streifen schneiden.

Pfefferminzwürfel

▶ Für etwa 60 Stück

*125 g Plattenfett, 125 g Zartbitterschokolade, 125 g Zucker, 2 Eier,
2–4 Tropfen Minzöl (aus der Apotheke),
100 g Haselnußkerne, 8 Oblaten
(etwa 122 x 200 mm).*

Plattenfett und Schokolade zusammen im Wasserbad schmelzen. Zucker unterrühren. Etwas abkühlen lassen. Eier, Minzöl und gemahlene Haselnüsse unterrühren. Oblaten auf Alufolie legen. Sieben Oblaten mit der Masse bestreichen. Etwas antrocknen lassen. Übereinanderschichten und mit der achten Oblate abdecken. Leicht andrücken. Alufolie an den Rändern hochziehen. Über Nacht im Kühlschrank fest werden lassen. In Rechtecke schneiden und in Pralinenmanschetten setzen oder in Zellophanpapier wickeln. Die Pfefferminzwürfel kühl aufbewahren (pro Stück ca. 50 Kalorien).

Vanilletrüffel

▶ Für etwa 45 Stück

*100 g Schlagsahne, 1 Vanilleschote,
1 Päckchen Vanillezucker, 70 g Butter,
eventuell 2 Eßl. Himbeergeist,
200 g weiße Kuvertüre; zum Verzieren:
30 g Vollmilchschokolade; 45 Stanniol-
manschetten (Durchmesser 2,5 cm).*

Sahne, ausgekratztes Vanillemark und Vanillezucker kurz aufkochen. Topf von der
Kochstelle nehmen. Butter, eventuell Himbeergeist und grob zerbröckelte Kuvertüre
in die Vanillesahne geben. Zu einer glatten
Masse rühren und bei Zimmertemperatur
ganz abkühlen lassen. Danach mit den Quirlen des Handrührers schaumig schlagen. Die
Trüffelmasse in einen Spritzbeutel mit
Sterntülle (Durchmesser neun Millimeter)
füllen und kleine Rosetten in die Stanniol-
manschetten spritzen. Vollmilchschokolade
kurz ins Gefrierfach oder in den Kühlschrank legen (sie läßt sich dann besser raspeln). Eisgekühlte Schokolade raspeln und
die Trüffel damit verzieren. Im Kühlschrank
einige Stunden oder über Nacht fest werden
lassen (pro Stück ca. 45 Kalorien).

TiP Die Vanilletrüffel am besten zugedeckt
im Kühlschrank aufbewahren und
möglichst rasch verbrauchen.

Nuß-Nougat-Berge

▶ Für etwa 50 Stück

*Teig: 125 g Mehl, 85 g Butter oder
Margarine, 40 g Zucker, 1 Messerspitze
ausgekratztes Vanillemark, 1 Eigelb,
1/2 unbehandelte Zitrone; Mehl zum
Ausrollen, Fett für die Bleche;
Füllung und Guß: 200 g Nuß-Nougat,
50 g geschälte Haselnußkerne,
300 g dunkle Kuvertüre.*

Mehl, weiches Fett, Zucker, Vanillemark,
Eigelb und abgeriebene Zitronenschale zu
einem glatten Teig verkneten und 30 Minuten kühlen. Auf wenig Mehl etwa drei Millimeter dick ausrollen und zu Kreisen von
dreieinhalb Zentimeter Durchmesser ausstechen. Kreise auf gefettete Backbleche legen
und bei 200 Grad/Umluft 180 Grad/Gas
Stufe 3 in etwa 15 Minuten hellgelb backen;
die Plätzchen auf den folgenden Blechen
brauchen nur noch etwa acht Minuten. Abkühlen lassen. Nougat im heißen Wasserbad
schmelzen und in einen Spritzbeutel mit kleiner Lochtülle füllen. Auf die Plätzchen spritzen und jeweils einen Haselnußkern hinein-
drücken. Kalt stellen. Die Kuvertüre grob
hacken und im heißen Wasserbad schmelzen. Gut abkühlen lassen, erneut erhitzen
und glattrühren. Plätzchen mit der Kuvertüre überziehen und auf einem Kuchengitter
trocknen lassen (pro Stück ca. 85 Kalorien).

Früchtestengel

▶ Für etwa 50 Stück; Foto rechts, oben

125 g Vollrohrzucker, 3 Eier,
175 g Dinkel, 300 g gemischte
Trockenfrüchte,
1/2 unbehandelte Zitrone;
Fett für das Blech.

Vollrohrzucker und Eier schaumig schlagen. Dinkel fein mahlen, gemischte Trockenfrüchte fein zerkleinern. Beide Zutaten und abgeriebene Zitronenschale unter die Eiercreme heben. Teig auf ein gefettetes Backblech streichen und in den Backofen schieben. Bei 175 Grad/Umluft 150 Grad/ Gas Stufe 2 etwa 20 Minuten backen. Eventuell mit Pergamentpapier abdecken. Kuchenplatte noch heiß in Streifen schneiden, vom Blech lösen und auf einem Kuchengitter abkühlen lassen. (pro Stück ca. 30 Kalorien).

TiP Vollrohrzucker – nicht zu verwechseln mit braunem Zucker – wird aus dem getrockneten Saft von Zuckerrohr gewonnen. Als "Ursüße" oder "Sucanat" bekommt man das vollwertige Süßmittel in Naturkostläden und Reformhäusern. Es schmeckt ein wenig nach Karamel, enthält einige Vitamine und Mineralstoffe und wird genau wie normaler Haushaltszucker verwendet.

Lebkuchenkugeln

▶ Für etwa 40 Kugeln; Foto rechts, unten

125 g Honig, 50 g Vollrohrzucker,
50 g Butter, 250 g Dinkel,
1 Teel. Lebkuchengewürz,
1/2 Päckchen Backpulver, 1 Ei;
Vollkornmehl zum Formen, Fett für
die Bleche; 3–4 Eßl. rote Konfitüre.

Honig, Vollrohrzucker und Butter unter Rühren erwärmen, bis das Fett geschmolzen ist. Etwas abkühlen lassen. Feingemahlenen Weizen, Lebkuchengewürz, Backpulver und Eigelb in einer Schüssel mischen. Die Honigmischung zugießen und alles mit den Knethaken des Handrührers verkneten. Den Teig etwa 30 Minuten bei Zimmertemperatur stehen lassen. Mit bemehlten Händen Kugeln formen und auf gefettete Backbleche legen. In jede Kugel eine Vertiefung drücken, mit Konfitüre füllen. Kugeln bei 200 Grad/ Umluft 180 Grad/ Gas Stufe 3 etwa 15 Minuten backen; die Kugeln auf dem nächsten Blech brauchen nur etwa zehn Minuten (pro Stück ca. 45 Kalorien).

TiP Dinkel ist eine großkörnige Weizenart, die sich gut zum Backen eignet. Übrigens kommt Dinkel immer aus "biologischem Anbau", weil er nur gedeiht, wenn er ohne Kunstdünger wächst.

Sesamblätter

▶ Für etwa 35 Stück; Foto Seite 49, rechts

*150 g Sesam, 50 g Sonnenblumenkerne,
150 g Butter, 300 g Weizen,
200 g Ahornsirup (ersatzweise Honig),
1 Ei, 1 Teel. Zimt, Salz; Mehl zum
Ausrollen; Fett für die Bleche.*

100 Gramm Sesam und die Sonnenblumenkerne getrennt in einer Pfanne ohne Fett unter Rühren hellbraun rösten. Abgekühlte Sonnenblumenkerne mahlen. Butter zerlassen. Weizen fein mahlen. Zusammen mit 150 Gramm Ahornsirup, flüssiger Butter, Ei, Sesam, Sonnenblumenkernen, Zimt und einer Prise Salz erst mit den Knethaken des Handrührers, dann mit den Händen verkneten. Den Teig auf wenig Mehl etwa fünf Millimeter dick ausrollen und als Blätter oder andere Formen ausstechen. Mit dem restlichen Ahornsirup bestreichen und mit dem Rest des Sesams bestreuen. Plätzchen auf gefettete Bleche legen und in den Backofen schieben. Bei 200 Grad/Umluft 180 Grad/Gas Stufe 3 etwa 12 Minuten backen; die Plätzchen auf den nächsten Blechen brauchen nur etwa zehn Minuten. Vom Blech lösen und auf Kuchengittern abkühlen lassen (pro Stück ca. 115 Kalorien).

Linzer Gebäck

▶ Für etwa 40 Stück

*200 g Weizenvollkornmehl (Type 1700),
125 g Buchweizenmehl, 150 g Haselnußkerne, 1 Teel. Zimt, je 1 Messerspitze gemahlene Nelken, Kardamom
und Salz, 120 g Butter oder Margarine,
2 Teel. saure Sahne, 1 Ei,
100 g dunkler Sirup, 225 g Pflaumenmus (ersatzweise Apfelkraut);
Fett für die Bleche; zum Bestäuben:
1 Eßl. Puderzucker.*

Beide Mehlsorten, gemahlene Nüsse, Zimt, Nelken, Kardamom und eine Prise Salz mischen. Weiches Fett, saure Sahne, Ei und Sirup zugeben. Alles mit den Knethaken des Handrührgerätes zu einem weichen Teig verkneten. Mindestens eine Stunde kalt stellen. Den Teig zwischen Klarsichtfolie etwa vier Millimeter dick ausrollen. Kreise und Ringe von fünf Zentimeter Durchmesser ausstechen. Die Kreise mit Pflaumenmus bestreichen und auf gefettete Backbleche legen. Teigringe auf die Kreise legen und leicht andrücken. Kekse in den Backofen schieben und bei 175 Grad/Umluft 150 Grad/Gas Stufe 2 etwa 30 Minuten backen; die Kekse auf dem nächsten Blech brauchen nur noch 25 Minuten. Auf einem Kuchengitter abkühlen lassen. Mit Puderzucker bestäuben (pro Stück ca. 105 Kalorien).

Tannenbäumchen

▶ Für 6 Stück

1 Stange Zimt, 2 Nelken, 5 Pimentkörner, 1 Stück frischer Ingwer (ca. 2 cm), 375 g Weizen, 100 g Butter, 150 g Honig, 2 Eier, Salz, 1 Eßl. saure Sahne, 1 Teel. Backpulver; Mehl zum Ausrollen, Fett für die Bleche; 1 Eiweiß, 2 Eßl. Honig, etwa 2 Eßl. Kokosraspel.

Zimt, Nelken, Piment und geschälten Ingwer mit einem Eßlöffel Weizen im Blitzhacker fein zermahlen. Diese Mischung, weiche Butter, flüssigen Honig, Eier, eine Prise Salz, saure Sahne, restlichen feingemahlenen Weizen und Backpulver zu einem glatten Teig verkneten. In Folie verpackt einige Stunden kalt stellen. Teig portionsweise auf wenig Mehl etwa vier Millimeter dick ausrollen. Sterne in sechs verschiedenen Größen ausstechen und auf gefettete Backbleche legen. Sterne bei 175 Grad/Umluft 150 Grad/Gas Stufe 2 in 15 bis 20 Minuten hellbraun backen; die Sterne auf den folgenden Blechen brauchen nur etwa zehn Minuten. Auf einem Kuchengitter ganz abkühlen lassen. Eiweiß und Honig steif schlagen. Sterne mit Eiweißmasse bestreichen und zu Bäumchen zusammensetzen. Die Kokosraspel im Blitzhacker oder in der Mandelmühle fein zerkleinern und die Bäume damit bestäuben (pro Stück ca. 475 Kalorien).

Gefüllte Butterplätzchen

▶ Für etwa 40 Stück

Teig: 200 g Dinkel, 100 g Butter, 1 Eßl. Honig, 1 Teel. gemahlene Vanille; Mehl zum Ausrollen, Fett für die Bleche; Füllung: 100 g getrocknete Aprikosen, 40 g Erdnußmus.

Fein gemahlenen Dinkel, weiche Butterflöckchen, flüssigen Honig und Vanille zu einem glatten Teig verkneten. 30 Minuten kalt stellen. Portionsweise auf wenig Mehl etwa zwei Millimeter dick ausrollen. Blüten ausstechen und auf gefettete Backbleche legen. Plätzchen in den Ofen schieben und bei 200 Grad/Umluft 180 Grad/Gas Stufe 3 etwa 15 Minuten backen; die Plätzchen auf dem nächsten Blech brauchen nur acht Minuten. Aprikosen im Blitzhacker zerkleinern und mit dem Erdnußmus verrühren. Je zwei Plätzchen mit der Creme zusammensetzen (pro Stück ca. 55 Kalorien).

TiP Viele vollwertige Backzutaten bekommen Sie in den Supermärkten: Trockenfrüchte, Nüsse, Vollkornmehl, Sirup und Gewürze. Spezialitäten wie Vollrohrzucker, Weizen zum Selbermahlen, Dinkel, Buchweizen, Sojamehl, Mandelmus und Carob gibt es in Reformhäusern und Naturkostläden.

Honigberge

▶ Für etwa 25 Stück; Foto rechts,
Mitte rechts

*100 g Butter, 100 g Honig, 30 g Sesam,
100 g kernige Haferflocken,
40 g gehackte Mandeln, 25 Oblaten
(Durchmesser 40 mm).*

Fett und Honig etwa vier Minuten kochen,
bis die Masse dick wird. Sesam, Haferflocken und Mandeln unterrühren. Abkühlen lassen, Häufchen auf Oblaten setzen.
Trocknen lassen (pro Stück ca. 75 Kalorien).

Fruchttaler

▶ Für etwa 16 Stück; Foto rechts, oben

*50 g getrocknete Bananenscheiben,
50 g Kürbiskerne, 125 g gemischte
Trockenfrüchte, je 3 Eßl. Zitronensaft
und Honig, 30 g gemahlene Mandeln,
16 ganze Mandeln.*

Bananen und Kürbiskerne im Blitzhacker
fein zerkleinern. Mit den gewürfelten Früch-
ten, Zitronensaft, Honig und Mandeln vermischen. Die Masse zu Kugeln formen und
flachdrücken. Mit einer Mandel belegen
(pro Stück ca. 65 Kalorien).

Pflaumenkugeln

▶ Für etwa 20 Stück; Foto rechts,
Mitte und unten rechts

*100 g Trockenpflaumen ohne Stein,
100 g gehackte Mandeln,
3 Eßl. Pflaumenmus,
je 1 Prise Zimt und Nelkenpulver,
etwa 30 g gemahlene Mandeln.*

Pflaumen fein zerschneiden. Mit Mandeln,
Pflaumenmus, Zimt und Nelken verkneten.
Kugeln formen und in gemahlenen Mandeln
wälzen (pro Stück ca. 60 Kalorien).

Gefüllte Aprikosen

▶ Für etwa 25 Stück; Foto rechts,
Mitte oben

*250 g Aprikosen, 50 g Carob-Tafel,
30 g Haselnußkerne, etwa 2 1/2 Eßl.
Ahornsirup (ersatzweise Honig).*

25 Aprikosen zum Füllen beiseite legen. Die
restlichen Aprikosen und die Carob-Tafel
im Blitzhacker fein zerkleinern. Mit gemahlenen Nüssen und Sirup vermischen. Die
Aprikosen halbieren, mit dieser Mischung
füllen, wieder zusammensetzen und fest-
drücken (pro Stück ca. 60 Kalorien).

Hirsekekse

▶ Für etwa 70 Stück

*150 g Hirseflocken, 100 g Weizenmehl
(Type 550), 120 g Haselnußkerne,
100 g Dattelmark, 100 g Butter oder
Margarine, 1 Eiweiß, Pinienkerne
oder andere Nußkerne zum Belegen;
Fett für die Bleche.*

Hirseflocken, Mehl, gemahlene Nüsse, Dattelmark und weiches Fett verkneten. Teig 30 Minuten kalt stellen. Zwischen Klarsichtfolie etwa einen halben Zentimeter dick ausrollen. Kleine Quadrate ausschneiden. Jedes Quadrat mit Eiweiß bestreichen und mit Pinienkernen belegen. Auf gefettete Backbleche legen und in den Backofen schieben. Bei 175 Grad/Umluft 150 Grad/Gas Stufe 2 etwa 15 Minuten backen; die Kekse auf den folgenden Blechen brauchen nur noch zehn Minuten (pro Stück ca. 40 Kalorien).

Haferflocken-Rhomben

▶ Für etwa 50 Stück; Foto Seite 53, links

*100 g kernige Haferflocken,
100 g ungesalzene Erdnußkerne,
200 g Marzipanrohmasse, 1–2 Eßl.
Zitronensaft, 50 g Haselnußglasur.*

Haferflocken in einer Pfanne ohne Fett rösten. Nüsse im Blitzhacker fein zerkleinern. Beide Zutaten mit Marzipan und Zitronensaft verkneten. Zwischen Klarsichtfolie etwa einen Zentimeter dick ausrollen. Zu Rhomben schneiden. Haselnußglasur im heißen Wasserbad schmelzen. Rhomben zur Hälfte in die Glasur tauchen und trocknen lassen (pro Stück ca. 45 Kalorien).

Hagebuttentaler

▶ Für etwa 50 Stück

*200 g Weizenmehl (Type 1700),
125 g Roggenmehl (Type 1370),
1 Eßl. Sojamehl, 100 g ungeschälte
Mandeln, 150 g Butter, 1 Ei,
7 Eßl. Hagebuttenmark; Mehl zum
Ausrollen, Fett für die Bleche;
je 1 Messerspitze Zimt und Nelken,
2 Eßl. flüssiger Honig.*

Alle Mehlsorten, gemahlene Mandeln, Butter, Ei und drei Eßlöffel Hagebuttenmark verkneten. Den Teig 30 Minuten kalt stellen. Auf wenig Mehl etwa einen halben Zentimeter dick ausrollen, Kreise (Durchmesser fünf Zentimeter) ausstechen und auf gefettete Backbleche legen. Restliches Hagebuttenmark mit Zimt und Nelken würzen. Auf die Kreise streichen. Teigreste in feine Streifen schneiden und ungeordnet auf die Plätzchen legen. Honig mit zwei Eßlöffel Wasser verrühren und die Plätzchen damit bestreichen. Bei 175 Grad/Umluft 150 Grad/Gas Stufe 2 etwa 20 Minuten backen; die Taler auf dem zweiten Blech brauchen nur noch 15 Minuten (pro Stück ca. 70 Kalorien).

Sesamplätzchen

▶ Für etwa 45 Stück

150 g Sesamsaat, 150 g Butter oder Margarine, 200 g Vollrohrzucker, 1 Ei, 300 g Weizen, 150 g ungesalzene Erdnußkerne, 1 Teel. gemahlene Vanille, 2 Eßl. Milch; Fett für die Bleche; 4 Teel. Carobpulver.

Sesamsaat in einer Pfanne ohne Fett leicht rösten. Weiches Fett und Zucker schaumig rühren. Ei, fein gemahlenen Weizen, 100 Gramm gemahlene Erdnüsse, Sesamsaat, Vanille und Milch unterkneten. Kugeln formen, auf gefettete Backbleche setzen und etwas flach drücken. Bei 175 Grad/Umluft 150 Grad/Gas Stufe 2 im Backofen etwa 25 Minuten backen; die Plätzchen auf dem zweiten Blech brauchen nur noch 15 Minuten. Auskühlen lassen. Carob und zweieinhalb Eßlöffel Wasser verrühren. Die Oberfläche der Plätzchen damit bestreichen und mit restlichen gehackten Erdnußkernen verzieren (pro Stück ca. 90 Kalorien).

Möhrenlebkuchen

▶ Für etwa 35 Stück

2 mittelgroße Möhren (etwa 250 g), 2 Eiweiß, 150 g brauner Zucker, 2 Eßl. Honig, 1 Messerspitze Backpulver, 200 g ungeschälte Mandeln, 65 g Mehl, 1/2 Teel. gemahlener Ingwer; zum Verzieren: 50 g Mandelstifte oder Mandelblättchen; 35 Oblaten (Durchmesser 60 mm).

Möhren schälen und auf einer Gemüsereibe fein raffeln. Ungeschlagenes Eiweiß, Zucker, flüssigen Honig und Backpulver mit den Quirlen des Handrührers schaumig schlagen. Möhrenraspel gut ausdrücken und zusammen mit den gemahlenen Mandeln, Mehl und Ingwer unter die Eiweißmasse heben. Teig auf Backoblaten streichen und mit Mandelstiften verzieren. Etwa eineinhalb Stunden bei Zimmertemperatur stehenlassen. Lebkuchen auf Backbleche setzen. Im Backofen bei 175 Grad/Umluft 150 Grad/Gas Stufe 2 etwa 30 Minuten backen (pro Stück ca. 70 Kalorien).

TiP Zum Verschenken kleine selbstgemachte Marzipanmöhrchen (Seite 34) zu den Lebkuchen legen – Honigmarzipan bekommen Sie in Naturkostläden und Reformhäusern.

Mondgesichter

▸ Für etwa 30 Stück; Foto rechts

100 g getrocknete Aprikosen,
250 g Butter oder Margarine,
100 g Puderzucker, Salz, 1 unbehandelte
Zitrone, 3 Eigelb, 450 g Mehl;
eventuell Mehl zum Ausrollen;
Guß: etwa 180 g Puderzucker,
1 Eiweiß, eventuell Speisefarbe,
dunkle Kuvertüre.

Aprikosen in einem Achtelliter sprudelnd kochendem Wasser etwa zehn Minuten garen. Abgießen und abkühlen lassen. Im Mixer oder mit dem Schneidstab des Handrührers pürieren. Weiches Fett, Puderzucker, eine Prise Salz, abgeriebene Zitronenschale und Eigelb schaumig schlagen. Mehl und Aprikosenmus zugeben und unterkneten. Mindestens zwei Stunden kalt stellen. Teig auf wenig Mehl oder zwischen Klarsichtfolie ausrollen. Plätzchen von sieben Zentimeter Durchmesser ausstechen. Für das Loch zum Aufhängen kleine Makkaronistücke durch die Teigtaler stecken. Plätzchen auf mit gefettetem Pergamentpapier ausgelegte Backbleche legen und in den Backofen schieben. Bei 175 Grad/Umluft 150 Grad/Gas Stufe 2 etwa 15 Minuten backen; die Plätzchen auf dem nächsten Blech nur etwa zwölf Minuten backen. Plätzchen auf Kuchengittern abkühlen lassen. Für den Guß Puderzucker und Eiweiß zu einer zähflüssigen Masse verrühren. Eventuell mit Speisefarbe färben. Plätzchen mit Zuckerguß und geschmolzener Kuvertüre verzieren. Auf ein Kuchengitter legen und trocknen lassen (pro Stück ca. 195 Kalorien).

Baiserkringel

▸ Für etwa 30 Stück

3 Eiweiß, 150 g Zucker, Speisefarbe,
bunter Zucker.

Eiweiß steif schlagen. Zucker unter Schlagen einrieseln lassen. Die Masse in drei Portionen teilen und nach Belieben mit einigen Tropfen Speisefarbe einfärben. Jede Portion in einen Spritzbeutel mit Sterntülle füllen. Kränze auf mit Backtrennpapier ausgelegte Bleche spritzen. Mit buntem Zucker bestreuen. Blech in den Ofen schieben, Ofen auf 150 Grad/Gas Stufe 1 schalten und die Kringel etwa 50 Minuten trocknen lassen (pro Stück ca. 20 Kalorien).

TiP Baiser, Makronen und anderes Gebäck, das hauptsächlich aus Eiweiß besteht, müssen Sie immer mit Ober- und Unterhitze oder Gas backen. Mit Umluft wird es zäh.

Königsberger Marzipan

▶ Für etwa 30 Stück; Foto Umschlag vorne

125 g Marzipanrohmasse, 80 g Puderzucker, Fett für die Förmchen, 1 Eiweiß, einige Belegkirschen.

Die Marzipanmasse mit Puderzucker verkneten. Entweder in gefettete Pralinenförmchen aus Metall drücken, herauslösen und auf ein mit Backtrennpapier ausgelegtes Blech legen. Oder die Masse zwischen Klarsichtfolie gut einen Zentimeter dick ausrollen und Kreise, Herzen oder Sterne ausstechen. Das restliche Marzipan zu dünnen Rollen formen und mit Eiweiß auf die ausgestochenen Figuren kleben. Figuren nach Belieben mit Belegkirschen verzieren und die Ränder mit einer Gabel eindrücken. Über Nacht stehenlassen. Unter dem Grill in wenigen Minuten goldgelb bräunen (pro Stück ca. 35 Kalorien).

TiP Marzipan zum Verschenken in einen Zellophanbeutel füllen oder in Seidenpapier wickeln und – ganz traditionell – in Spanschächtelchen legen. Die kleinen Schachteln, in denen das ehemals kostbare Konfekt verpackt war, nannte man früher "Mazaban". Daraus ist das Wort "Marzipan" entstanden.

Sterntaler

▶ Für etwa 80 Stück; Foto Umschlag vorne, Innenseite

Teig: 250 g Mehl, 50 g Zucker, 1 Päckchen Vanillezucker, 100 g Marzipanrohmasse, 150 g Butter oder Margarine, 1 Eigelb, Mehl zum Ausrollen; zum Bestreichen: 1 Eigelb, 2 Eßl. Schlagsahne; Fett für die Bleche; Guß: 200 g Puderzucker, 2–3 Eßl. Zitronensaft; zum Verzieren: bunte Zuckerperlen, Pistazien, Kokosraspel, Schokostreusel.

Mehl mit Zucker, Vanillezucker, Marzipanrohmasse, weichem Fett und Eigelb zu einem glatten Teig verkneten. Abgedeckt mindestens 30 Minuten kalt stellen. Teig auf wenig Mehl etwa drei Millimeter dick ausrollen und Sterne oder andere Figuren ausstechen. Plätzchen auf gefettete Backbleche legen. Eigelb und Sahne verrühren. Plätzchen dünn damit bestreichen. In den Backofen schieben und bei 175 Grad/Umluft 150 Grad/Gas Stufe 2 etwa 15 Minuten backen; die Plätzchen auf den folgenden Blechen brauchen nur noch zehn bis zwölf Minuten. Für den Guß Puderzucker und Zitronensaft glattrühren. Abgekühlte Plätzchen mit Guß bestreichen, mit Zuckerperlen und Pistazien, Kokosraspeln und Schokostreuseln verzieren (pro Stück ca. 50 Kalorien).

Bären für den Baum

▶ Für etwa 18 Bären

150 g Puderzucker, 300 g Butter oder Margarine, 1 Eigelb, 4 Tropfen Orangenessenz oder 1 Päckchen Orangenschalen-Aroma, Salz, 450 g Mehl, einige Makkaroni; Fett und Mehl für die Bleche; etwa 180 g Puderzucker, 1 Eiweiß, eventuell Speisefarbe, dunkle Kuvertüre, Zuckerperlen.

Puderzucker, weiches Fett, Eigelb, Orangenessenz und eine Prise Salz schaumig rühren. Mehl unterkneten. Mindestens eine Stunde, besser über Nacht, kalt stellen. Zwischen Klarsichtfolie ausrollen. Aus Pappe Bären-Schablonen schneiden, auf den Teig legen und die Bären ausschneiden. Konturen für Gesicht und eventuell Hose, Hemd oder Mützen mit einem Holzstäbchen einritzen. Für das Loch zum Aufhängen der Figuren kleine Makkaronistückchen durch den Teig stecken. Die Bären auf gefettete, mit Mehl bestäubte Backbleche legen und in den Backofen schieben. Bei 175 Grad/Umluft 150 Grad/Gas Stufe 2 etwa 15 Minuten backen; die Bären auf dem nächsten Blech brauchen nur etwa zehn Minuten. Auf Kuchengittern abkühlen lassen. Zum Verzieren Puderzucker und Eiweiß zu einem zähflüssigen Guß verrühren. Eventuell mit Speisefarbe färben. Die Bären mit dem Guß, geschmolzener Kuvertüre und Zuckerperlen für Augen und Nase verzieren. Trocknen lassen (pro Stück ca. 550 Kalorien bzw. pro Stück ca. 305 Kalorien).

Engel und Wolken

▶ Für etwa 40 Stück

100 g Blockschokolade, 250 g Mehl, 30 g Zucker, 75 g Butter oder Margarine, 1 Ei; Fett für die Bleche; 50 g dunkle Kuvertüre, 100 g weiße Schokolade, 20 g Plattenfett.

Die Schokolade im Blitzhacker zerkleinern. Mehl, Zucker, weiches Fett in Flöckchen, Schokolade und Ei erst mit den Knethaken des Handrührgerätes, dann mit den Händen verkneten. Den Teig etwa eine Stunde kalt stellen. Zwischen Klarsichtfolie etwa drei Millimeter dick ausrollen. Engel und Wolken oder andere Figuren ausstechen. Auf gefettete Backbleche legen. In den Backofen schieben und bei 200 Grad/Umluft 180 Grad/Gas Stufe 3 etwa 15 Minuten backen; die Figuren auf dem nächsten Blech brauchen nur noch zwölf Minuten. Die dunkle Kuvertüre und die weiße Schokolade mit dem Plattenfett getrennt im heißen Wasserbad schmelzen. Abgekühlte Kekse damit überziehen (pro Stück ca. 80 Kalorien).

Bunte Lebkuchenfiguren

▶ Für etwa 35 Stück; Foto rechts

50 g Rosinen, 75 g Zitronat,
200 g Honig, 1 Ei, 300 g Mehl,
1 Teel. Backpulver, 2 Teel. Lebkuchen-
gewürz; Mehl zum Ausrollen, Fett für
die Bleche; Guß: 1 Eiweiß,
etwa 180 g Puderzucker, Speisefarbe;
zum Verzieren: Zuckerperlen,
Zucker- und Schokoladenstreusel.

Rosinen und Zitronat im Blitzhacker zerkleinern oder sehr fein würfeln. Honig, Ei,
Mehl, Backpulver und Lebkuchengewürz,
Rosinen und Zitronat mit den Knethaken
des Handrührers zu einem glatten Teig verkneten. Teig zugedeckt etwa eine Stunde kalt
stellen. Portionsweise auf wenig Mehl etwa
fünf Millimeter dick ausrollen. Figuren ausstechen und auf gefettete Backbleche legen.
Bei 200 Grad/ Umluft 180 Grad/Gas Stufe 3
je nach Größe der Figuren zehn bis 20 Minuten backen; die Figuren auf dem nächsten
Blech brauchen nur noch acht bis zwölf Minuten. Auf ein Kuchengitter legen und abkühlen lassen. Für den Guß ungeschlagenes
Eiweiß und Puderzucker mit den Quirlen
des Handrührers verrühren. Nach Belieben
in Portionen teilen und mit Speisefarbe einfärben. Die Figuren mit Guß, Zuckerperlen
und Streuseln bunt verzieren. Trocknen lassen (pro Stück ca. 90 Kalorien).

Zitronentrauben

▶ Für etwa 40 Stück

Teig: 3 Eigelb, 120 g Zucker,
1 Päckchen Vanillezucker,
3 Tropfen Zitronenaroma (ersatzweise
abgeriebene Zitronenschale),
225 g ungeschälte Mandeln, 20 g Mehl,
1 Messerspitze Backpulver;
eventuell Puderzucker zum Ausrollen;
Guß: 100 g Puderzucker,
1/2 Zitrone, eventuell grüne Speisefarbe.

Eigelb, Zucker, Vanillezucker und Zitronenaroma mit den Quirlen des Handrührgerätes hellschaumig schlagen. Gemahlene Mandeln, Mehl und Backpulver mischen und
unterrühren. Den Teig auf Puderzucker oder
zwischen Klarsichtfolie etwa drei Millimeter
dick ausrollen. Trauben oder andere Formen
ausstechen und auf mit Backtrennpapier
ausgelegte Bleche legen. Das erste Blech in
den Backofen schieben, Ofen auf 200 Grad/
Umluft 180 Grad/Gas Stufe 3 schalten und
die Figuren etwa 15 Minuten backen; die
Trauben auf den nächsten Blechen nur etwa
zehn Minuten backen. Auf Kuchengittern
abkühlen lassen. Für den Guß Puderzucker
mit Zitronensaft glattrühren. Eventuell grün
färben. Die Trauben damit bestreichen und
trocknen lassen (pro Stück ca. 60 Kalorien).

Bunte Bauklötze

▶ Für etwa 20 Stück

150 g Schokolade, 6 Eier, 150 g Butter
oder Margarine, 125 g Zucker,
150 g Haselnußkerne, 100 g Mehl,
50 g Speisestärke, 1 Teel. Backpulver.
250 g Marzipanrohmasse,
125 g Puderzucker, Puderzucker zum
Ausrollen, etwa 225 g Aprikosen-
konfitüre; Zuckerguß: 2 Eiweiß,
300–330 g Puderzucker,
verschiedene Speisefarben.

Für den Teig die Schokolade im Blitzhacker zerkleinern oder in einer Mandelmühle mahlen. Eiweiß steif schlagen. Weiches Fett mit Eigelb, Zucker, gemahlenen Nüssen und Schokolade verrühren. Mehl, Speisestärke und Backpulver unterrühren. Eischnee unterheben. Teig auf die Hälfte eines mit Backtrennpapier ausgelegten Backbleches streichen. Damit der Teig beim Backen nicht auseinanderläuft, einen Streifen Alufolie unter das Backpapier schieben. Kuchenplatte bei 175 Grad/Umluft 150 Grad/Gas Stufe 2 etwa 25 Minuten backen. Auf ein Kuchengitter stürzen und das Papier abziehen. Die abgekühlte Kuchenplatte mit einem Messer und Lineal in Rechtecke, Quadrate und Dreiecke schneiden. Dabei sollten die größten "Klötze" nicht mehr als sieben und die kleinsten nicht weniger als drei Zentimeter

lang sein. Die Marzipanrohmasse mit Puderzucker verkneten und auf Puderzucker oder Klarsichtfolie etwa drei Millimeter dick ausrollen. Konfitüre durch ein Sieb streichen und mit zwei Eßlöffel heißem Wasser glattrühren. Marzipan in Größe und Form passend für die "Klötzchen" ausschneiden. Kuchenstücke dünn mit Konfitüre bestreichen und mit Marzipan beziehen. Dabei darauf achten, daß gerade und scharf geformte Kanten entstehen. Für den Zuckerguß das Eiweiß mit einer Gabel leicht verschlagen. Den gesiebten Puderzucker eßlöffelweise dazugeben und mit der Gabel unterrühren. Die Masse muß streichfähig sein. In kleine Portionen teilen. Jede Zuckerguß-Portion nach Belieben in den gewünschten Farben mit Speisefarbe kräftig einfärben und die "Klötzchen" mit einem Pinsel dick mit Guß bestreichen. Auf einem Kuchengitter abtropfen und trocknen lassen. Das Gebäck in einer gut schließenden Dose aufheben. Die Bauklötze halten sich so etwa zwei Wochen frisch (pro Stück ca. 275 Kalorien).

TiP Speisefarben gibt es in den Lebensmittelabteilungen großer Kaufhäuser. Man kann die Grundfarben wie Wasserfarben miteinander mischen. Wer die Speisefarben nicht verträgt oder nicht verwenden möchte, bekommt im Grünen Laden oder Reformhaus Naturfarben.

REGISTER

Umwelthinweis
Alle bedruckten Materialien dieses Taschenbuches
sind chlorfrei und umweltschonend.

Der Goldmann Verlag
ist ein Unternehmen der Verlagsgruppe Bertelsmann

Originalausgabe November 1995
© 1995 Wilhelm Goldmann Verlag, München
Gruner + Jahr AG & Co, Hamburg
Umschlaggestaltung: Design Team München
Umschlagabbildungen (vorne und hinten): Ortwin Möller
Fotos: Heino Banderob (Umschlag vorne, Innenseite, 9, 21, 25, 29, 41 oben, 45, 53),
Wulf Brackrock (49, 57), Ortwin Möller (2/3, 5, 13, 17 oben und unten,
33, 37 oben und unten, 41 unten, 61)
Satz: Uhl + Massopust, Aalen
Druck: J. P. Himmer, Augsburg
Verlagsnummer: 13873
Lektorat: Sabine Schubert
ss · Herstellung: Heidrun Nawrot
Made in Germany
ISBN 3-442-13873-6

10 9 8 7 6 5 4 3 2 1